Schreibe entweder etwas, das sich zu lesen lohnt. Oder lebe ein Leben über das es sich zu schreiben lohnt.

Benjamin Franklin

Vom Motorboot 1982 bis Segelboot 1984

Positives und Negatives
Zusammenfassung

von

ERICH BEYER

Erlebnisse von Action bis Lachen

© 2025 Erich Beyer

Verlag: BoD · Books on Demand GmbH,

In de Tarpen 42, 22848 Norderstedt, bod@bod.de

Druck: Libri Plureos GmbH, Friedensallee 273,

22763 Hamburg

ISBN: 978-3-7693-5186-6

INHALTSVERZEICHNIS:

Skipper und Autor: ERICH BEYER

Geboren am 25. Mai 1950 in Österreich, gelernter KFZ-Mechaniker, eine Sommersaison als Matrose auf der Donau mit der „M.S.BUCHENAU" zwischen Regensburg und Rußland. Über Abendkurse in Schwachstromtechnik und Elektronik über Elektriker in fast alle Berufssparten reingeschnuppert. Lange Jahre als Disc Jockey durch die Lande gezogen und nach Anzeigenleiter bei Bezirkszeitung Hietzing mit eigenem Werbebüro Pleite gegangen. In den 70igern Jahren von Freunden nach Mali Losinj gelockt worden und mit den verschiedensten Motorbooten die Adria unsicher gemacht. Ich machte sogar wirklich eine Prüfung um das "Küstenpatent" zu erhalten. (Was man von den meisten die es haben, nicht behaupten kann, und daran hat sich auch im nun "freien" Kroatien nichts geändert).

Um einmal von einem Törn gute Fotos und einen Film zu bekommen, wurde ich von meinem Freund Karl Sallmuter 1982 zu einem Törn auf die "Nina" eine "Formosa 51" mit 33 Tonnen und 146 m² Segelfläche eingeladen. Dies war mein erstes Segelboot das ich betrat, (von einem kurzen Erlebnis in meiner Jugend auf der Alten Donau, wo ich dann für das wieder aufrichten einer Jolle, 300.- Schilling bezahlen mußte, mal abgesehen), auf der "Nina" imponierten mir die Manöver von Karl so sehr, daß ich begierig von ihm segeln lernte und nach ein paar Törns mit ihm, fähig war, meine eigenen Segelboote zu chartern. Nachdem ich bereits in diesen Jahren jede Menge „Skipper" mit allen möglichen Segelscheinen kennenlernte über die ich schon in meinen anderen Büchern teilweise berichtet habe, stand ich bereits in dieser Zeit mit dem deutschen und österreichischen Segelverband auf Kriegsfuß.

Da mir mit meiner Länge von 1,96 m das Jollensegeln nicht besonders behagte, und ich ja auf einem „Dickschiff" das Segeln lernte, hatte ich natürlich keinen „A – Schein", denn man aber verlangte um den „B-Schein machen zu können. Da diese Regulation des Segelverbandes mir nicht in den Sinn ging, fuhr ich nach Holland, (wo man eigentlich überhaupt keinen Segelschein brauchte um ein Boot zu führen) und machte in einer Segelschule auf dem Ijsselmeer auf freiwilliger Basis den sogenannten BR und BK Segelschein! Da ich dann eigentlich mehr Zeit in der Adria und im Mittelmeer verbrachte, hatte ich genug Zeit, um zu lernen und Erfahrungen zu sammeln und machte noch bei der Jugoslawischen Berufsmarine mein Patent bis 25 BRT und das englische Funksprechzeugnis. Nach Dutzenden von gecharterten Segelbooten von allen möglichen Charterfirmen über die ich nun bereits 20 Bücher geschrieben habe, machte ich in einer Art, Eigner Gemeinschaft mit der „Sourire" einer „Jeanneau Fandango" ein Jahr die Adria unsicher.

Nachdem ich nun schon genug Seemeilen hinter mir hatte, konnte ich für das Patent der Berufsmarine bis 50 BRT antreten, wo ich aber Logbuchmäßig nachweisen mußte mindestens 10.000 Seemeilen und ein Jahr als Skipper gefahren zu sein. Vor sechs hochdekorierten alten Kapitänen, wo ich mich nicht mal ausreden konnte die Fragen nicht richtig verstanden zu haben, da alle perfekt Deutsch und ein paar andere Sprachen mehr sprachen, legte ich in Rijeka, trotz einmal verrechnen bei einer Sonnenstandlinie, gekonnt meine Prüfung ab.

Bei einem Törn mit einer „Mön 27" der „Antn" lernte ich in den Kornaten im Restaurant Katina bei der „Vela Proversa" eine Crew kennen, die mit einer „Shogun" unterwegs war, aber keine Ahnung von Navigation hatten und ich dem „Skipper" Herbert ein paar Unterrichtsstunden in Navigation gab. Unter anderem wurden wir Freunde und hielten auch noch in Wien Kontakt, und mit Erich und Gustav von dieser Crew als Partner gründeten wir 1984 den „Segelclub – ANKH, und kauften die erste „Key of life" eine 38 Mahagoni Sloop von Sparkman & Stephens. Mit meiner zu dieser Zeit Partnerin und späteren Verlobten Gabriele, legten wir in den folgenden sieben Jahren zwischen Lignano, Zadar und Malta über 22.000 Seemeilen zurück bis am 14. April 1990 etwa drei SM vor der Küste von Lignano ein Feuer an Bord ausbrach. Langes Streiten mit der Versicherung bis sie endlich, zu wenig, bezahlte und kein Boot um in der neuen Saison wieder Geld machen zu können um zu überleben, zwangen mich das Boot zu verkaufen. Da wir eigentlich von hier zu einer Weltumsegelung starten wollten, nachdem wir das Boot generalüberholt hatten, war ich am

Boden zerstört und versuchte in Wien wieder neu zu starten, und ich habe mir geschworen nie wieder ein Boot sehen zu wollen!

Dann folgte der Bruch mit meiner nun bereits Verlobten Gabriele und ich versuchte mich als Fahrer eines Geldtransporters in einem Panzerwagen. Da nach der langen Zeit des Bordlebens, das Leben in Wien eher freudlos war, kam mir ein Anruf aus Deutschland von meinem Freund Heino sehr gelegen, der mir vorschlug seinen Motorsegler „MANUDA", eine „Cascaruda 45" als Clubyacht zu nehmen und doch wieder mit meinen Clubmitgliedern zu segeln. Es brauchte nicht lange um mich zu überreden, vor allem da ein ehemaliges Crewmitglied der „Key of life", Gabriela, die mir half meine Biographie über und gegen die österreichische Gesellschaft und Regierung in Buchform in einen Computer zu bringen, bis Dato habe ich nun schon 28 Bücher aufgelegt, am Ende sind die ISBN-Nummern einzusehen.

Da, mit Gabriela mehr als nur eine Freundschaft entstanden war, regte sie mich dazu an, diesen Vorschlag anzunehmen und sie als Partnerin mit an Bord zu nehmen. So brachten wir die „Manuda" im April 1992 nach Malta wo wir sie im folgenden Winter in einer Werft für die Clubbedingungen umbauen ließen und auf „Hochglanz" herrichteten. 1993 überstellten wir die „Manuda" wieder in die Adria, wo wir, bedingt durch den noch herrschenden Krieg in Kroatien keinen besonders guten Start hatten. Mit meinem Job als Panzerwagenfahrer im Winter und mit Hilfe von Heino schafften wir es aber doch den „Segelclub – ANKH" am Leben zu erhalten und legten bis im September 1999 auf der „Manuda" ebenfalls über 19.000 Seemeilen zurück.

Da ich nach nun bereits über 60.000 Seemeilen alleine in der Adria, und glaubte genug gesehen zu haben, und vor allem da die Situation in Kroatien mit Gebühren und den Charterbooten immer schlimmer wurde, beschlossen Gabriela und ich, da wir von der Adria endgültig die Nase voll hatten und wir im wahrsten Sinne des Wortes, „auf der Stelle traten", da wir in jeder Saison wieder bei null anfingen, alles in Wien aufzugeben um erneut einen Versuch zu einer Weltumsegelung zu machen. Aber mein Freund Heino war darüber

8

nicht so begeistert wie wir und wollte uns die „Manuda" nur für drei Jahre überlassen und wollte sie dann wieder in der Adria haben. Da wir nicht vorhatten einen Rekord brechen zu wollen, und in drei Jahren man sicher nicht sehr viel von der Welt sehen kann, entschlossen wir uns in die USA zu fahren um dort ein Boot zu kaufen. Vor allem, da die Preise um zwei Drittel und mehr niedriger sind als in Europa.

Es gelang uns Gabrielas Wohnung zu verkaufen, aber leider nicht meine, aber wenigsten schaffte ich einen Mieter zu finden, um keine Zinskosten zu haben und wir flogen für vier Wochen nach Florida, um unser Boot zu finden. Um unseren Plan und die Partnerschaft zu besiegeln, heirateten wir am 30. September 1999 im Courthouse von Broward County in Ft.Lauderdale in einem echt „kitschigen" amerikanischen Trauungssaal mit einer charmanten Friedensrichterin. Ein paar Tage später fanden wir unseren „Stein" die „KEY OF LIFE I" zu einem unglaublich günstigen Preis und noch viel Arbeit an ihr, die noch auf uns wartete. Daß wir unser Boot und die Flitterwochen gleich mit „Hurrikan Irene" einweihen konnten, darauf hätten wir eigentlich verzichten können oder als „Omen" deuten, was das „gelobte Land" USA noch für uns auf Lager haben wird.

9

Capitano di tutti Capitani, Skipper Erich (1997)

Vorwort

Wir haben Jänner 2025 und sind im Augenblick in Skradin / Kroatien auf „Winterurlaub" um uns in Österreich das heizen zu ersparen und ich mache hier eine Zusammenfassung von über zwanzig Jahren die ich auf Booten verbracht und gelebt habe. Ich beginne mit den Zeiten wo ich noch mit Motorbooten die Adria unsicher machte, nun da auch schon alle sechs Teile von der „Manuda" bereits im Handel und bei BoD erhältlich sind, natürlich auch als E-Book, habe ich Zeit für noch weiter in der Vergangenheit zu stöbern.

Ich habe ja unserer Abenteuer mit meiner ersten „Key of life" in Jugoslawien bereits in fünf Teilen geschrieben. Wo sich ja leider ein tragisches Ende in Lignano zugetragen hat als wir am 14. April 1990 Feuer an Bord hatten. Da ja noch immer genug Zeit ist und uns „Corona" immer noch sehr einschränkt, genug Zeit zum Schreiben übrigbleibt. Ich habe, da ich ja jetzt schon vier Teile über unsere zweite „Key of life I" in der Karibik geschrieben und über BoD aufgelegt habe, und auch noch über die Erste Key of life nun fünf Teile. 1. Teil von *„Beginn in Jugoslawien mit der „Key of life"* von 1985-86 nun überall erhältlich, sowie zweites Buch *„2.Saison mit der Key of life"* der 2.Teil in Jugoslawien und Malta, mit dem *„Start in die zweite Saison 1986 bis 1987"* und auch im 3. Teil mit „3. Saison mit der Key of life in Jugoslawien und Malta" mit *„Start in die dritte Saison 1987 bis 1988"* der *„4. Teil von der Saison 1988 bis 1989"*, und auch im fünften und letzten Teil von der „Saison 1989 bis 1990" habe ich einen Teil des Vorworts von den anderen Büchern übernommen, denn da habe ich ja schon vieles gesagt, und wie sagt man so schön in Latein:

„Repetita non Placent" Wiederholungen gefallen nicht!

Vor allem, bin ich zu faul um mir nochmals ein weiteres Vorwort auszudenken, und deshalb nur von dem anderen Vorwort etwas reinkopiert, da vielleicht jemand die anderen Teile doch nicht gelesen hat. Apropos schreiben! Ich bin kein Schriftsteller, weil mir die Gabe der ausschmückenden und leider nur allzuoft höchst fantasievollen Schriftstellerei fehlt, sehe ich mich eher in der Position eines

11

Berichterstatters. Ein Bericht ist immer noch die ehrlichste Form, um Begebenheiten und Situationen möglichst objektiv in einer lesbaren Art und Weise mit den zugehörigen Erklärungen darzustellen.

Weiterst möchte ich auch nicht beruflich schreiben, denn dann würde es zu einer Arbeit ausarten. Es ist bereits jetzt genug Arbeit meine Gedanken zu Papier zu bringen, aber jetzt schreibe ich nur wenn es mir Freude macht und nicht, weil ich es muß. Geschweige denn, würde ich schreiben wollen, wenn mir ein Verleger im Nacken sitzt und auf das nächste Buch wartet.

Zu meiner Person ist noch zu sagen, in allen meinen Büchern ist nichts Fiktives, sondern sind nur Tatsachen und Fakten niedergeschrieben. Ich behaupte sogar, es ist nur die „objektive Wahrheit", was zu unzähligen Diskussionen mit meiner Gabriela führt, da von ihr immer wieder vehement versucht wird es zu widerlegen, und sie mir immer wieder versucht einzureden, es ist meine „subjektive Wahrheit", die ich da schreibe. Jedenfalls sind alle Daten und Positionen aus meinen Logbüchern entnommen und sollten somit auch stimmen. Obwohl dies kein Hafenhandbuch ist, kann aber, falls jemand mal vorhat, auch in diesen Gewässern zu segeln, alle Hinweise und Tips zur Navigation verwendet werden. Soweit es in meiner Macht steht, verbürge ich mich dafür, daß die Positionen, Wegpunkte, Tiefenangaben, sowie diverse Ansteuerungen von Buchten und Häfen auch wirklich zur Navigation verwendet werden können. Ich übernehme natürlich keine Verantwortung für eventuelle Schiffbrüche, da ja der Druckfehler Teufel immer wieder zuschlagen kann, auch mit dem besten Rechtschreibprogramm. Ich habe übrigens diverse Erklärungen am Ende des Buches als GLOSSAR angehängt, da ja ein Teil meiner Leser nicht alle sogenannten „Fachausdrücke" auf Booten versteht. Ich habe viele Bekannte auf Booten, die sie ebenfalls nicht verstehen, und viele Ausdrücke von den „echten" Seglern, klingen für mich auch nur „spanisch". Wie schon gesagt, es sind hier alle Reiseberichte in chronologischer Folge, wie es passiert und wie wir es erlebt haben, zusammengefaßt, also manchmal vielleicht etwas verwirrend, da auch dazwischen Zeitspannen waren, wo wir in Österreich und nicht am Boot waren, aber wie ich zu sagen pflegte:

„Es ist vielleicht wichtig, wie man etwas schreibt, aber wichtiger ist es, daß man es schreibt!"

Ich habe in meiner PR-Zeit gelernt aus vier Sätzen Info einen Mittelaufschlag zu „zaubern" oder bildlich gesagt: „Aus einem Maulwurfshügel, einen Berg zu machen!" Aber meine Berichte, die manchmal nur aus trockenen Fakten bestehen, sollen einen wahrheitsgetreuen Einblick in ein anderes Leben geben. Aber wie oft soll man die traumhaften Buchten beschreiben? Ich zeige auch die negativen Seiten auf und damit für manche TRÄUMER die Wahrheit und welche ungeahnten Probleme auf einen zu kommen können, der sich entschieden hat sein Leben auf einem Segelboot zu leben und mit welchen ungeahnten Problemen er rechnen muß, wenn er in Ländern der „dritten Welt" div. Ersatzteile und Materialien kauft, was wirklich auf ihn zukommt. Wenn ich auch manche Situation besser ausschmücken möchte, würde ich damit das Buch noch länger machen und ich weiß, daß ich im Erzählen besser bin. Die Bilder in diesem Buch sagen mehr als tausend Worte.

Wenn auch manche Geschichten etwas unglaublich klingen könnten, sie sind wahr und jederzeit belegbar. Für manche Leser die Zweifel daran haben, würde ich gerne jede Wette mit ihnen annehmen um es zu beweisen. Übrigens, kein Name wurde verändert und alle Daten von Yachten oder Personen stimmen mit den echten Zeiten und Orten überein. Ich (wir) haben versucht, mit unserem Boot, so viel wie möglich zu „leben" und ich denke, trotz mancher Widrigkeiten, bereuen Gabriela, und ich hoffe auch Gabriele die mit mir auf der Ersten „Key of life" unterwegs war, keinen Tag, mit dem wir diesen Weg eingeschlagen haben, und ich denke die Worte von Eminescu, sagen dazu alles:

"Denn das Leben ist ein verlorenes Gut, wenn man nicht gelebt hat wie man hätte leben wollen."

Jedenfalls, eines ist sicher, wir haben unsere Zeit am Boot wirklich gelebt, und ich hätte sicher nicht, meine Zeit, als ich noch mit dem Panzerwagen fuhr, und bis zu, damals noch, 120.000.000 Schilling von der Zentrale zu den Filialen transportierte, jemals daran gedacht, es nieder zu schreiben. Denn da hätten für alle sieben Jahre, sicher fünf Seiten genügt. Aber für diejenigen, die den Versuch starten wollen, auch

13

ein Leben als Fahrtensegler einzuschlagen, soll dieses Buch ohne „Beschönigungen" aufzeigen, was da alles passieren kann und teilweise schonungslose Tatsachen bringen, die aber doch vielleicht hilfreich sind um das Leben eines Fahrtenseglers zu beschreiben, daß sicher kein endloser Badeurlaub ist, wie manche immer noch der Meinung sind.

Auch wenn ich zu diesem Zeitpunkt wo ich dieses Vorwort geschrieben habe, als „Neujahrsschreck" die Nachricht kam, daß die „Key of life I" am 3. Jänner 2021 von der Muring abgerissen ist und auf das Riff vor „Petite Martinique" getrieben ist. Nun haben wir den Kampf endgültig verloren, nachdem uns in „Petite Martinique" unser Boot schon vorher von der „Ocean Royel" und der „Hero II" zerstört wurde, und es in Grenada, ein Land der dritten Welt, leider kein Gesetz noch Recht für Ausländer gibt, und wir das Boot aufgeben müssen, und speziell mit der derzeitigen Situation mit „Corona" wären wir wahrscheinlich sowieso nie mehr auf unser Boot gekommen, und die Chance bekommen die noch sehr vielen persönlichen Sachen die dort lagern, zurück nach zu Österreich bringen.

In der Webseite: www.segelclub.ankh-refugium.com ist alles nachzulesen, mit Fotos und Reiseberichten und bei mehr Interesse auch noch in der ECC Seite www.ankh-refugium.com

Capitano di tutti Capitani Erich nun leider nur mehr eine
„Landratte"

Nachdem am 3. Jänner 2021 unser „Key of life 1" auf das Riff vor „Petite Martinique" gedriftet ist, weil unsere „Freunde" die wir dafür bezahlten, unsere Muring und Anker nach zu sehen, wie es in der Karibik üblich ist, natürlich nicht kontrolliert haben, kam es zu diesem traurigen Ende für unser Segelboot und unser Leben als Fahrtensegler.

„M.Y. Andrea" in Jugoslawien 1982
An der Mole von „Sv.Petar"

Daten Motorboot
Coronet 32 „Andrea"
Länge ü.a 9,90 m
Breite: 3,80 m
Tiefgang: 0,90 m
Höhe: 1,20 m
Verdrängung: 9,5 BRT
Motor: 2x Diesel Volvo Penta 106 PS
Tank Diesel 600 Liter
Heimathafen: Wien
Logbuch Sam. 1.5.1982 bis Sam. 15.5.1982
Und vom Montag 20.9.82 bis Montag 4.10.1982

1.Kapitel:

Mit „M.Y. Andrea" im Mai 1982

Es ist jetzt ja schon 43 Jahre her, als ich mit gecharterten Motorbooten, anfing die Jugoslawische Adria „unsicher" zu machen. Eigentlich brachten mich ein paar Freunde dazu, mit denen ich ein paarmal nach, damals noch Jugoslawien fuhr, um genau zu sein nach „Mali Losinj" wo wir dann in Hotels ein paar Tage Urlaub machten und zweitweise mit Freunden auf dem Motorboot mitfuhren. Zu dieser Zeit waren in „Mali Losinj" in den Hotels „Bellevue", „Aurora" und „Alhambra" viele Österreicher, vor allem Pensionisten die dort den Winter verbrachten. Einer der Gründe war sicher, es kostete dort der Aufenthalt im Hotel inklusive Vollpension weniger Geld als ihnen die Heizkosten in Österreich gekostet hätten. Jedenfalls kam ich auf den „Geschmack" des Bootfahrens und das Meer hat mich immer schon fasziniert und somit interessierte ich mich auch, mal daß Küstenpatent zu machen um selber als „Kapitän" ein Boot führen zu dürfen. Ähnlich geht es ja jetzt uns auch, denn hier kostet uns das Appartement für das ganze Monat nur 500.- € wobei wir in Schottwien schon mal 300.- € an Stromkosten haben, hier können wir die Heizung aufdrehen, so heiß es wir wollen. Und ich finde die Zeit und Ruhe hier die Kapitel aus den 20 Büchern raus zu kopieren und hier zusammengefaßt, in negative und positive Geschichten, auf zu legen.

Hier als Anfang, leider ein negativer Start mit der „Andrea":

Meine Freunde waren der „Nachwuchsblade" Robert, weil er zu dieser Zeit lockere 133 kg auf die Waage brachte, und sein Freund „Karlo" der sich in „Mali Losinj" auf seinem Motorboot der „Gerda" einer „Coronet 23" mit zwei „Volvo Penta" Benzin Motoren mit je 160 PS lebte und später dann in einem Wohnwagen auf „Sv.Petar" gegenüber von „Ilovik" der „Blumeninsel" wohnte. Auch wir verbrachten, wenn wir nicht in „Mali Losinj" waren, unsere Zeit in Privat Pensionen auf „Ilovik" wo es immer mit „Saufgelagen" hoch her ging, nicht unbedingt etwas auf das ich mit Stolz zurückblicke. Es war natürlich eine schöne Zeit mit der „Gerda" die so um die 60 Kn schnelle

17

war, mit der Küstenwache nach „Susak" um die Wette zu fahren und sogar noch zu gewinnen, wobei die Kiste Bier trotzdem wir zahlen mußten. Da auch in dieser Zeit das Geschäft mit Charter Booten seinen Aufschwung nahm, zeigte Robert sehr viel Interesse daran, mit „Karlo" da ein Chartergeschäft auf die „Beine" zu stellen, vor allem machte ihm „Karlo" den „Mund" auf ein gutes Geschäft wäßrig.

Jedenfalls haben sie dann eine Firma gegründet, namens „HTZ-Charter" was auf die Anfangsbuchstaben von den Familiennamen der drei „Gründer" zurück zu führen ist, nämlich, „Hirn" der nun bereits der Schwiegersohn von Robert war, und überredet wurde, aber keine Ahnung von Booten hatte. „Tanowiski" Karlo der einzige der ein wenig Ahnung von Booten hatte, aber wie sich später zeigte, nicht genug, und „Zettel" wie Robert hieß, der ebenfalls keine Ahnung von Booten hatte. Man hatte gedacht, die „Gerda" die „Coronet 23" auch für Charter frei zu geben, was aber nicht so richtig klappte.

Die „Chris & Craft" war eigentlich ein Wrack vom Beginn an.

18

Es wurde eine „Chris & Craft" gekauft, was schon mal ein schwerer Fehler war, ein Holzboot das eher schon als Wrack zu bezeichnen war. Von Otto Heisinger, er war zu dieser Zeit noch Versicherung Sachverständiger bei „Ford Hinteregger" in Wien, kaufte man die „Andrea" eine „Coronet 32" mit zwei Dieselmotoren mit je 106 PS und sie wurde mit anderen Propellern ausgestattet und war jetzt kein „Gleiter" mehr sondern eher ein halber „Verdränger" und natürlich dadurch auch langsamer und eher gemütlicher mit weniger Verbrauch. Otto hat sich einen größeren „Trawler" die „Calypso" gekauft. Zusätzlich hatten sie noch die „Helli" ein kleineres Motorboot mit Kajüte, wo man auch drauf schlafen konnte, mit Außenborder.

„M.Y. ANDREA" eine „Coronet 32" vor „Sv.Petar"

Diese „Vorgeschichte" muß ich erzählen, um zu einem Kontext zu kommen, damit man versteht was ich dann erlebte als ich die „Andrea" von „HTZ" Charterte und es schon Probleme gab ohne eine Seemeile gefahren zu sein, und mich meine sieben Freunde die mitfuhren, aber liebsten „gekillt" hätten, weil sie glaubten ich wußte vorher was auf uns zukam.

Ich war nämlich drei Wochen vorher mit „Robert" in „Mali Losinj" wo wir die „Andrea" ins Wasser ließen, und mit dem Versprechen, daß sie bis ich mit meiner Crew komme, in Ordnung sein wird, vor allem auch fahrbereit und ein Service gemacht worden ist.

Nun als wir am Samstag den 1. Mai 1982 in der Marina in „Mali Losinj" ankamen, lag die „Andrea" unberührt am selben Platz und schaute nicht besonders gut aus. „Karlo" der eigentlich alles vorbereiten sollte, hatte sich nach „Ilovik" verzogen und absolut nichts auf der „Andrea" gemacht! Meine Verlobte Marion und ihr Vater Karl, mit seiner Frau Eva, sein Freund Horst mit seiner Frau „Franzi" sowie ein Freund und ehemaliger Kunde in Hietzing von der Fa. „Hans &Co." Als ich noch Anzeigenleiter bei der Bezirkszeitung war, Fritz mit seiner Freundin Tina, glaubten natürlich, daß ich wußte in welchen Zustand die „Andrea" war, und es kostet mich viel Überzeugungskraft, ihnen klar zu machen, daß ich keine Ahnung darüber hatte, daß in den letzten drei Wochen nichts am Boot gemacht wurde.

Die beiden Boote, „Andrea" und „Helli" waren im wahrsten Sinne des Wortes, „saudreckig", nur das wäre an sich kein Problem gewesen, die Reinigung hätten wir schon gemacht, obwohl ich noch nie von einer Charterfirma, so ein Boot übergeben bekam. Als Erstes nach einer Grundreinigung um überhaupt an Bord zu kommen, mußten wir mal zweimal 20 Liter Diesel mit Kanister holen, da die Tanks komplett leer waren. Die Batterien mußten wir mal tauschen, nicht nur leer, sondern eine auch total kaputt. Natürlich war kein Service bei „Andrea" gemacht worden, weder ein Ölwechsel bei den Motoren, noch Ölfilter oder Dieselfilter wurden erneuert. Da natürlich ohne Batterien die Bilgepumpe nicht funktionierte, mußten wir mal das ganze Wasser im Boot mit der Hand lenzen, um halbwegs trocken im Boot zu werden. In den Schapps war alles feucht wo auch die Decken verstaut waren, die nun Zentimeter von Schimmel angesetzt hatten und nur mehr zu wegwerfen waren. Das Besteck in den Laden war komplett rostig geworden.

Es wurde uns ein angeblicher Mechaniker geschickt, der nun die Dieselfilter tauschte, und als wir die Maschinen starteten, hatte wir „Wasserspiele wie im Mirabell Garten in Salzburg" nur war es kein Wasser, sondern Diesel, dieser „Mechaniker" hatte die Dieselfilter ohne

Dichtung eingebaut und der Diesel versaute den ganzen Motorraum und Deck, was natürlich auch fürchterlich stank. Als alle Filter wieder ausgebaut und mit Dichtung und nochmaligen Entlüften der Motoren wieder eingebaut. Das meiste haben wir eigentlich selber gemacht, denn „Kurt" der „Mechaniker" war später schon total besoffen und zu vergessen. Kurt ist nicht nur als Mechaniker sehr zweifelhaft, aber kommt hier eindeutig zum „Handkuß" und ist eindeutig überfordert, und wird von seinen „Chefs" hier zurückgelassen. Die „Helli" sollten wir als Beiboot mitbekommen, die war noch am „Trailer" und ebenfalls in einem fürchterlichen Zustand.

„Helli" war in einem fürchterlichen Zustand, und da sie zu groß für ein „Beiboot" war, bekam ich bei manchen Hafenkapitänen, Probleme.

„Helli" schaute außen und innen aus wie auf einer Müllhalde. Auch sie wird von uns mal gründlich gereinigt, damit man sie überhaupt betreten kann. Ich hatte natürlich vor dieser ganzen Aktion und viel Arbeit für uns, eine Besprechung mit meinen Freunden, denn ich hätte natürlich sofort das Geld zurückverlangen können, und wir verzichten auf den Törn, wir könnten nach Hause fahren oder in eine Pension gehen, denn alle hatten sich natürlich Urlaub genommen und sich auf den Bootstörn gefreut. Die Crew war dafür, selber Hand anzulegen und deshalb blieben wir an Bord und hofften so schnell wie möglich, doch mit den Booten fahren zu können. Da ja weder „Karlo" noch „Robert" hier waren, konnten wir auf die Belegschaft von „HTZ" Charter nicht zugreifen, was vielleicht gut war, es hätte sonst vielleicht „böse" für sie ausgehen können.

Am Sonntag den 2. Mai 1982 kam am Morgen Otto und die Crew von der „Calypso" zu Hilfe, und „Otto" brach fast das „Herz" als er sah wie sie seine ehemalige „Andrea" versaut und verkommen war. Da die Motoren noch immer Luft ansaugten, und deshalb die linke Maschine unmotiviert ab und zu um 700 U/min mehr drehte, kamen wir drauf, bei den Diesel Feinfilter haben sie beim Einbau das Gewinde kaputtgemacht, da kein Ersatz da ist, müssen wir sie ausbauen und die Leitungen ohne Feinfilter abdichten und nochmals alles entlüften. Dabei müssen wir mit der Hand pumpen, da die elektrischen Dieselpumpe auch nicht funktioniert. Links ist das Getriebe kaputt und blockiert zeitweise und auch noch die Wasserpumpe ausgebaut und einen „Knick" im Schlauch repariert und abgedichtet. So zwischendurch noch das BB-Positionslicht repariert und Lautsprecher getauscht. Wir „slippen" mal die „Helli" ins Wasser und besorgen uns Zündkerzen um den Außenborder zu reparieren.

Am Montag den 3. Mai 1982 arbeiten wir alle noch am Boot und starten für eine Testfahrt zur Tankstelle und tanken 330 Liter Diesel um 2.345.- Schilling (ATS) und fahren um 1300 nach „Ilovik" um dort einen Gasherd zu holen, den „Karlo" in seinem Wohnwagen auf „Sv.Petar" hat und den wir nun wieder in der „Andrea" einbauen und die Leitungen abdichten um wenigsten Mal was kochen zu können. Um 1600 legen wir von „Ilovik" ab und fahren nach „Susak" eine kleine

Insel die vor „Losinj" liegt wo wir um 1730 anlegen. Die Leute dort unterscheiden sich nicht nur mit der Tracht von den umliegenden Inseln, sondern sie leben in „Endogamie"[1] seit vielen Jahren. Im zweiten Weltkrieg war eine Fabrik für „Bohrköpfe" auf der Insel, die seit langem stillgelegt ist. Leider sieht man an vielen „Einheimischen" daß hier seit langem kein „frisches" Blut von außerhalb auf die Insel kam. Deutlich ist es am Friedhof zu sehen, wo man auf sehr vielen Grabsteinen die gleichen Namen vorfindet z.b.: „Tarabocia", „Pucini" und „Filipo" und dann steht dort, „Maria Filipo" geborene „Pucini" und umgekehrt.

Die Crew schaut sich die Insel an, während es Karl, der ja ein „Biker" ist und sich auch am Motorrad alles selber repariert, ein großes Interesse daran hat, warum unser „Stromaggregat" nicht funktioniert, und wir es gemeinsam ausbauen und zerlegen. Wir kommen drauf, daß ein Auspuffventil gesteckt ist, weil es so lange gestanden ist und nie gestartet wurde. Wir dichten Zylinderkopf ab und können es wieder reparieren, nur müssen wir es dann noch ein zweites Mal ausbauen, weil der Auspuff nicht dicht war, aber wir schaffen es und das Stromaggregat funktioniert wieder, wir haben 240 Volt an Bord und können extra die Batterien laden. Nach dieser Aktion sind wir natürlich etwas dreckig, und Karl wird von Eva gezwungen endlich eine Dusche zu nehmen. Da Fritz und Tina noch frisch verliebt sind, ziehen sie es vor, alleine auf der „Helli" zu schlafen, wo sie natürlich ungestörter sind, auch wenn die „Andrea" für acht Personen Kojen an Bord hat.

Am Dienstag den 4. Mai 1982 nützen wir den schönen Tag aus und legen um 1000 ab von „Susak" und fahren die 49 Sm bis nach „Zadar" wo wir um 1600 in der Marina anlegen. Auf der Fahrt habe ich mal das WC repariert, was teilweise gelungen ist, weiß aber nicht wer der „Übeltäter" war und ein „Tampon" rein geschmissen hat, obwohl

---

[1] ENDOGAMIE: Abgeschiedenheit,

ich natürlich alle Damen vorher darauf aufmerksam gemacht habe. Wir tanken noch 192 Liter Diesel und 9 Liter Benzin für Außenborder um 1.940.- ATS. Einstweilen habe ich einen Schnitt für beide Motoren von ca. 22 Liter pro Stunde berechnet. Da ich zu dieser Zeit zugeben muß, noch sehr schlampig Logbuch geführt habe, muß ich teilweise aus der Erinnerung und anhand der Fotos, die Berichte zu Papier bringen, wo es nach dieser langen Zeit, nun schon 43 Jahren nicht so leicht ist, wobei ich froh bin, jetzt mit meinen 74 Jahren nicht schon „Alzheimer" zu haben, und viele von den Personen in meinen Büchern nicht mehr leben, obwohl sie teilweise um viele Jahre jünger waren als ich.

Wir liegen im Hafen von „Zadar"

Am Mittwoch den 5. Mai 1982 legen wir um 1300 ab und fahren in die Kornaten nach „Dugi Otok" (Lange Insel) bis in die „Telascica" wo wir nach 23 Sm um 1600 beim Campingplatz zu einem Fischer zum Abend essen gehen. Die „Telascica" ist ja an die fünf Seemeilen lang ist und auch sehr tief, und in alten Zeiten lag hier eine Teil der österreichischen Kriegsflotte in der Bucht, ja es ist nicht zu glauben, aber Österreich hatte eine Kriegsmarine und unter „Admiral

Tegethoff" waren wir ganz gut. Jetzt allerdings steht er nur mehr als Denkmal in Wien am „Praterstern" und schaut in die Novaragasse wo früher die „Dirnen" (Prostituierten) standen, die ja jetzt in der Innenstadt verbannt wurden. In der Nacht kommt ein ziemlicher Sturm und ich gehe von der Mole weg und lege mich auf eine große „Marineboje" in der Mitte der Bucht, wo wir keine Probleme haben.

Vor Anker in der „Telascica" mit „Helli" nahe beim Ufer

Am 7. Mai 1982 haben wir etwas grobe See und es fliegt sogar meine Kamera durchs Boot und zerlegt sich, ist aber zum Glück Ganz geblieben, bevor jedem schlecht wird, gehe ich in den Hafen von Kaprije wo wir um 1730 an der Mole anlegen. Wir gehen zu „Niko" ins „Dugi Jaja" essen und es wird ein feuchtfröhlicher, sehr lustiger Abend wo auf einmal Eva, die bereits stockbetrunken war, abgängig ist. Nach etwas Sorge wo sie abgeblieben ist, weil am Boot war sie nicht, und es wäre nicht der oder die Erste die voll „besoffen" ins Wasser gefallen ist, wo es nicht gut ausging. Wir schwärmen aus und durchstreifen mal den zum Glück nicht allzu großen Ort, und finden sie dann weiter oben auf einer Zisterne schlafend auf. Eigentlich unlogisch auf den Berg zu gehen um das Boot zu suchen, der Hafen ist eher immer unten!

Jedenfalls, außer ein paar Kratzern am Hinterteil, kommen wir mit Eva wieder gut an Bord zurück, es war jedenfalls eine lustige Nacht!

Am Samstag den 8. Mai 1982 kommt die nächste Überraschung, ich kann bei linker Maschine nur mehr auf den Rückwärtsgang schalten, es geht kein Vorwärtsgang mehr rein. Ich weiß zwar gut mit Motoren Bescheid, aber wie die Getriebe bei diesem Boot gebaut sind und wie sie mit den „Z-Trieb" funktionieren, ist mir nicht bekannt.

Reparatur von der Schaltklaue des „Z-Triebes"

26

Ich weiß zwar wie man die „Z-Triebe" in die Höhe fahren kann, daß die Propeller nur mehr knapp unter Wasser sind, aber wie die innen gebaut sind und funktionieren weiß ich leider nicht. Es bleibt mir mal nichts anderes übrig, da hier in Kaprije sicher kein Mechaniker aufzutreiben ist, um 1100 abzulegen und nur mit einem Motor nach „Sibenik" zu fahren, wo wir westlichen Teil zwischen einheimischen Fischerbooten um 1400 nach 14 Sm anlegen. Ich frage mich durch viele Einheimische durch und laufe die steilen Treppen in Richtung der Festung rauf, und werde von einer Adresse zu anderen geschickt, bis ich endlich einen Mechaniker auftreibe der an Bord kommt und eine Reparatur versucht, die aber nicht gelingt, nur leider kommt mir vor, er weiß eigentlich nicht wirklich was er da tut, soweit kann ich dieser Reparatur auch folgen. Es hat nur gebracht, daß der „fraglichen" Reparaturversuch des Mechanikers 2.500 Dinar gekostet hat. Wir bauen wieder alles zusammen und ich schicke ein Telegramm nach „Mali Losinj" um den Schaden zu melden.

Am Sonntag den 9. Mai 1982 fahren wir am Morgen tanken und füllen 319 Liter Diesel und mit Gemisch für Außenborder kostet es 2.500.-ATS. Dann fahren wir die „Krka" bis nach „Skradin" rauf und legen nach 8 Sm um 1330 an der Mole an genau vor dem Weinkeller von „Mate" an. Nachdem ich mit der Crew zu den Krka Wasserfälle gefahren bin, läßt es Karl und mir keine Ruhe, ich fahre den BB „Z-Trieb" voll raus und wir machen einen Deckel am oberen Teil des „Z-Triebes" auf, und wir kommen zu der Schaltklaue des Getriebes, und siehe da, ich kann mit der Hand auf den Vorwärtsgang schalten, nur wenn ich von oben auf Retour schalte, bleibt er wieder im Rückwärtsgang stecken! Nun da ich nun auf „Vorwärts" bleibe und halt nur mehr einen Motor auf Retour zum Manövrieren habe, ist es weiter kein Problem und ich habe wenigstens wieder Beide Motoren zum Vorwärts fahren, was uns etwas beruhigt. Somit haben wir wenigstens einen ausgiebigen Grund bei Mate zum Feiern, was wir auch ausgiebig machen. Ich ärgere mich trotzdem noch immer über den „Mechaniker" in Sibenik, der sich angeblich auskannte, aber nicht diesen Deckel aufmachte, wo die Schaltklaue drinnen ist.

Mit der Crew, fahrt zu den Wasserfällen, l.v. Fritz und Tina, r.v. Franzi und Horstl.

Am Montag den 10. Mai 1982 gehen wir für einen Badetag nur 9 Sm bis in die „U.Stipanska" die am NW Ende von „Brac" liegt und nach Süden offen ist. Wir haben die Bucht für uns alleine, aber beim Anlegemanöver fällt das rechte Getriebe aus. Nun haben wir ja schon Übung und öffnen den Deckel vom STB „Z-Trieb" und siehe da, es hat sich nun dort die Schaltklaue ausgehängt, weil der Sicherungsstift fehlte, somit ohne Sicherung eingebaut war und sich ausgehängt hat! Wir können es reparieren und diesmal mit Sicherung einbauen.

Am Mittwoch den 12. Mai 1982 gehen wir um 1200 von „Brac" ab in Richtung „Rogoznica" und kurz davor, reißt unser „Beiboot" die „Helli" ab und es gibt etwas Streit in der Crew, weil jeder dem anderen die Schuld gibt es nicht gut angehängt zu haben. Eigentlich ist es nur meine eigene Schuld, denn ich hätte es kontrollieren müssen, und nicht einer Crew vertrauen. Wie sagte es jemand in einem Buch in lustiger Form: *Die CREW sind „schwere unbewegliche Gegenstände die zum Festhalten der Ecken von Seekarten dienen, oder zum Ausbringen von Fendern"* Nun so möchte ich sie nicht unbedingt bezeichnen, auch wenn er damit recht hat, aber da es doch Freunde sind, halte ich mich zurück. Jedenfalls dauert es eine Weile bis wir die „Helli" in der doch etwas groben Dünung wieder eingefangen haben. Um 1600 machen wir nach 27 Sm in Rogoznica fest.

„Rogoznica"

Am Freitag den 14. Mai 1982 lag die „Helli" auf Grund, aber dafür auch sehr ruhig! Es ist sehr wenig Wasser und somit hatte bei der Ebbe die „Helli" keinen „Handbreit" Wasser unter dem Kiel, wie es ein alter Spruch so schön sagt. Nur wir hatten kein Problem, denn nach dem Frühstück, und vor allem als Fritz und Tina von der „Helli" ausgestiegen sind, war sie wieder frei. Um 1100 gehen wir von „Iz Veli" ab und gehen die 36 Sm bis „Ilovik" wo wir um 1515 an der Mole anlegen. Diesmal haben wir großen Empfang, denn es ist nun auch „Robert" und „Karlo" die Möchtegernchefs von „HTZ" Charter in „Ilovik" und auch Otto mit der „Calypso" liegt dort, da ich ja über Telegramm unsere Probleme angekündigt habe, wußte jeder über unsere „Odyssee" Bescheid und „Otto" meinte sogar, jetzt habe ich meine Prüfung als „Kapitän" wirklich bestanden, daß ich unter diesen widrigen Umständen wieder heil zurückgekommen bin. Wir sind am Abend bei „Elsa" essen und es gibt natürlich heftige Diskussionen mit Robert und wie sie uns die Boote übergeben haben. Natürlich gibt es einen Abzug von der Chartergebühr, wo ich zum Glück noch was zu zahlen hätte und es somit zurückbehalten konnte, denn es jetzt von den „Chefs" zurück zu fordern, wäre sicher problematisch gewesen.

Im Salon, v.l.n.r. Marion, Karl, Fritz, Tina und Eva

Am Samstag den 15. Mai 1982 legen wir um 1200 von „Ilovik" ab und fahren die letzten 10 Sm zurück nach „Mali Losinj" wo wir um 1330 in der Marina festmachen. Wir laden alles aus und machen uns auf den Heimweg nach Wien. Insgesamt haben wir 325 Sm zurückgelegt, und ich bitte die nochmals die Leser, die Qualität der Fotos und die vagen Angaben über den Törn zu entschuldigen, aber es sind jetzt 40 Jahre her wo ich diesen Törn gemacht habe, und die eingescannten Fotos waren zigtausende Seemeilen an Bord unseres Bootes in der Karibik unterwegs, wo sie doch etwas gelitten haben, trotz aller Versuche sie etwas zu bearbeiten, was nicht immer gelungen ist. Jedenfalls habe ich meine Crew mit sieben Freunden wieder gut zurückgebracht und trotz vieler Probleme, war es ein schöner Abenteuer Urlaub geworden an denen alle hoffentlich gut zurückdenken.

o. Skipper „Erich" am Steuer und Marion mit Esel in „Lavsa"

Erich und Marion vor Weinkeller von „Mate" in Skradin

„M.Y. Andrea" auf Mole in Skradin

2.Kapitel:

2. Törn mit „Andrea" Sept. bis Okt. 1982

Trotz der widrigen Erfahrung und Umstände mit „HTZ" Charter, riskierte ich es nochmals die „Andrea" in „Mali Losinj" zu chartern, was natürlich wieder viele Probleme mit sich brachte. Diesmal sind wir zwar nur zu viert an Bord, meine verlobte Marion, eine alte Freundin und Besitzerin von einer Disco in Klosterneuburg wo ich als „Disc Jockey" gearbeitet habe, Hanni und ihr Freund Wolfram, Beide das Erste Mal auf einem Boot. Wir kamen am Montag den 20. September 1982 an Bord und wurden wieder mit total leeren Batterien an Bord empfangen, die auch teilweise kaputt waren und ich neue einbauen mußte um überhaupt mal starten zu können.

Hanni und Wolfram, hier noch ruhig.

So wie es begann, hätte ich eher nicht mehr von Robert „HTZ" ein Boot chartern sollen, sondern gleich umdrehen sollen, nur wie immer, es hatte sich jeder Urlaub genommen und vor allem von „HTZ" über ein Gericht das Geld zurück zu fordern würde lange dauern. Also gingen wir das Risiko wieder ein und fuhren um 1500 zur Tankstelle um zu tanken. Als wir dann 161 Liter Diesel eingefüllt haben, sehe ich von der Motorabdeckung an Deck Rauch rauskommen, nun eines ist sicher, Feuer an Bord ist in keiner Situation erfreulich. Das wir kein Benzin an Bord haben und es Diesel ist, macht die Sache vielleicht ein wenig ungefährlicher, aber noch gefährlich genug. Hanni nimmt ihre Wertsachen und Pässe und sie gehen mal mit Marion von Bord und ich nehme den Feuerlöscher und wir heben die Motorabdeckung etwas an und ich sprühe sofort, um zu vermeiden das da mehr Sauerstoff zu dem Brandherd kommt, sofort eine Ladung von dem Pulverlöscher in den Motorraum. Da wir keine offenen Flammen mehr sehen, riskieren wir einen Blick in den Motorraum und ich stelle fest, es waren die Isolierung von den Hauptbatteriekabeln die zur Batterie und zum Starter gehen, die sind glühend geworden und die Isolierung hat zum Schmelzen und dann zum Brennen angefangen, jedenfalls ist der Brand mal eingedämmt und der Rauch hat sich verzogen, dafür schaut der Motor und Motorraum aus wie die „graue" Hölle, alle von dem Pulverlöscher im Motorraum verteilt.

Foto links, Kabelsalat nachdem ich alles erneuert habe, und ein Freund schleppt uns in die Marina zurück.

Wir bezahlen mal 1.400.- Schilling für den Diesel und können wirklich froh sein, da hier nicht mehr passiert ist, ein Brand an Bord ist ja schon fürchterlich genug, aber an der Tankstelle liegend, noch etwas gefährlicher und starten und wegfahren war ja nicht mehr möglich. Ein Bekannter der auch gerade tanken wollte und die Sache beobachtet hat, schleppt mich mal in die Marina zurück wo ich den Schaden mal betrachte und die Ursache feststellen kann. Die jugoslawischen „Facharbeiter" die HTZ Charter immer diverse Arbeiten aufträgt, haben über die dicken 50 mm² starken Haupt Batteriekabel den „Bautenzug" des Abstellmechanismus für den Motor so knapp darüber gelegt, so daß er jedesmal beim abstellen des Motors an der Isolierung scheuerte, nun genau als ich nun den Motor beim Tanken abstellte, war die Isolierung durch und nun konnte die Batterie mit 180 Ah ihren Strom über das Stahlkabel vom „Bautenzug" der natürlich auf der Masse des Motors liegt, also mit dem Plus der Batterie „kurz" schließen und das Kabel zum Glühen und dann später die Isolierung zum Brennen bringen. Nun lasse ich keinen von diesen Idioten wieder zum Motor und ich tausche

35

die Batteriekabel lieber selber aus, und da nach diesem Kurzschluß die Batterien natürlich am Ende sind, lade ich sie über Nacht in der Marina wieder auf. Leider hat aber die Lichtmaschine etwas abbekommen, aber das heben wir uns mal für den nächsten Tag auf. Nun obwohl alles gut gegangen ist, wurden die Nerven von Hanni doch sehr beansprucht, da sie vom Bootfahren eher nicht sehr begeistert ist, geschweige denn, von einem Feuer an Bord, was jeden verständlich sein dürfte, denn auch für mich war es das Erste Mal mit einem Boot Feuer an Bord zu haben, noch dazu an der Tankstelle.

Am Dienstag den 21. September 1982 kommt am Morgen der Elektriker an Bord und repariert die Lichtmaschine, es scheint zu funktionieren, obwohl die Ladekontrolle immer noch ganz leicht leuchtet, so richtig vertrauen tue ich der Reparatur und Elektriker aber nicht.

Am Mittwoch 22. September 1982 gehen wir mal bis in die „U.Pantera" am nördlichen Ende der „Dugi Otok" und legen uns innen an die Mole vom Leuchtturm „Veli Rat" wo wir um 1030 anlegen. Ich checke den rechten Motor, da die Ladekontrolle nun rechts voll leuchtet, und ich würde gerne den Elektriker „Kiel holen" denn der Motor wird heiß und drückt Wasser beim Überdruckdeckel raus und der Keilriemen ist gerissen da die rechte Lichtmaschine blockiert hat, nun sind die Nerven von Hanni bereits voll am Ende. Mich ärgert es, daß ich überhaupt soweit gefahren bin, ich hätte es mit der Lichtmaschine und den „Elektriker" mit der dubiosen Reparatur nicht vertrauen dürfen. Um 1430 gehen wir von der Mole ab, da ich hier sicher keine Hilfe erwarten kann und es etwas kürzer nach Zadar ist, als nach „Mali Losinj" und in der größeren Stadt eher einen besseren Elektriker auftreiben kann, als die von „HTZ" Charter. Ich fahre nur mit einem Motor und wir kommen nun nach insgesamt 30 Sm gut nach Zadar und legen um 1730 in der Marina an.

Nachdem die Lager von der Lichtmaschine blockiert haben, ist der Keilriemen gerissen, an Mole vom „Veli Rat"

Am Donnerstag den 23. September 1982 bleiben wir mal in der Marina und wir treiben einen Elektriker auf der die Lichtmaschine ausbaut und festgestellt hat, daß alle Lager blockiert haben und deshalb der Keilriemen gerissen ist, und er ist sich sicher, daß es schon vom Elektriker in „Mali Losinj" verpfuscht worden ist. Ich tausche auch mal die STB-Seilklampe aus, die gebrochen ist. Wir müssen eine neue Lichtmaschine kaufen und auf nächsten Tag für Einbau warten.

Am Freitag den 24. September 1982 kommt bereits um 0700 der Mechaniker und baut die neue Lichtmaschine ein, was mal 18.300.- Dinar kostet und nachdem wir noch 1.000.- Dinar Marinagebühr zahlen und auf der Tankstelle 348 Liter Diesel um 3.010.- Schilling tanken, fahren wir um 1100 ab in Richtung Süd und gehen bis nach Sibenik, wo wir nach 40 Sm um 1600 an der Mole anlegen. Hanni hat sich etwas beruhigt, und ist glücklich, wenn sie irgendwo mit Klosterneuburg telefonieren kann, und eine Apotheke in der Nähe ist. Am Samstag den 25. September 1982 gehen wir bereits um 0830 ab und gehen die Krka rauf bis nach „Skradin" wo wir nach 10 Sm an der Mole vor „Mate" anlegen, wo es aber auch schon bereits für Wasser und Liegegebühr 410.- Dinar kostet. Ich mache mit der Crew einen Ausflug zu den Wasserfällen was allen gut gefällt und wir auf einen Trink und Cafe gehen, und am Abend sind wir auf einen Umtrunk bei Mate, wo es ganz schön lustig wird. *Siehe Foto unten im Weinkeller, bei Mate*

Auf der Fahrt die „Krka" rauf zu den Wasserfällen mit Hanni, Wolfram und Marion, mit Erich am Außenborder.

Auf der Brücke zu Wasserfällen und die Crew vor Basar.

Am Sonntag den 26. September 1982 gehen wir um 0845 von Skradin ab und um 0945 machen wir an der Tankstelle in Sibenik fest und tanken 166 Liter Diesel um 1.500 Schilling.

An der Mole in „Sibenik" und unten in „Hvar"

Um 1015 gehen wir weiter und da es gutes Wetter hat, fahren wir bis nach Hvar wo wir nach 61 Sm im Hafen röm.kat. anlegen wo wir gerade noch zwischen den Booten einen Platz finden. Es dauert nicht sehr lange und es kommt jemand um 130 Dinar Hafengebühr zu kassieren. Es steht etwas Schwell im Hafen und die Boote schaukeln relativ stark, ein Segelboot an STB neben uns schaukelt natürlich auch und sein Mast geht dabei voll von BB nach STB was ganz normal ist, nur wird dadurch Hanni total hysterisch, weil sie glaubt das Segelboot fällt mit dem Mast auf uns drauf, sie will sogar in ein Hotel gehen und an Land schlafen, nun kostet sie mich schon meine Nerven um ihr zu erklären, daß es keine Gefahr für uns ist. Es wird es einem als Skipper nicht leichtgemacht, was man mit manchen Crews so mitmacht.

Wir liegen in Rogoznica und nachdem Hanni ausgeschwärmt ist um zu telefonieren und die Apotheke auf zu suchen, wo sie jedesmal mit einem neuen Medikament zurückkommt, das ihr empfohlen wurde, für irgendwelche imaginären Beschwerden die sie dem Apotheker erzählt, und sie glücklich ist wieder ein neues Medikament in ihrer Sammlung zu haben. Nun diesmal kommt sie aber wieder mal hysterisch zurück und sagt mir, wir müssen sofort zurückfahren! Die Erklärung auf meine Frage, wo ich zumindest annehme jemand aus näherster Verwandtschaft ist im Spital, oder gar gestorben, kommt ihre Aussage. Sie hat mit ihrer Schwester telefoniert, die auf ihr Haus in der Zwischenzeit aufpaßt und die Katze füttert. Nun sie sagt mir: „Der „Michl" hat schon drei Tage nicht geschissen, und sie muß sofort zurückfahren" Nun „Michl" ist der Kater von Hanni, und ich sage ihr, daß es nicht unbedingt ein Törn Abbruch sei, wenn der Kater eventuell Verstopfung hat. Wenn auch nicht begeistert von meiner Entscheidung ist, akzeptiert sie es und wir gehen mal Abendessen.

Am Donnerstag den 30. September 1982 haben wir relativ starke Bora, was Hanni sicher nicht gefällt, sie aber trotzdem fahren will, um ja so bald wie möglich nach Hause zu ihrem „Michl" zu kommen, obwohl ich mir sicher bin, daß die Schwester gut für die Katze sorgt.

Leuchtturm „Mulo“ vor „Rogoznica“

Vierkantvertäuung in „Lavsa“

Am Montag den 4. Oktober 1982 noch immer Bora und etwas grobe See, aber wir machen uns um 1200 fertig und gehen weiter. Ich bin etwas verwundert, weil Hanni sehr ruhig ist, obwohl der Seegang nicht gerade „lustig" ist. Ich komme später dann drauf warum, sie hat unserer Rotweinvorrat sehr beansprucht und somit ist sie so ruhig geblieben. Wir legen mal um 1400 in „Ilovik" an und gehen zu „Elsa" essen, denn unterwegs war bei dem Seegang nicht daran zu denken, nur irgendwas an Bord zu kochen. Nachdem der Seegang so stark war und wir ganz schön geschaukelt hat, hat unsere linke Maschine etwas Luft angesaugt, da unsere Tanks ja nicht mehr voll sind, und mir bleibt nichts anderes übrig, als von einem Ausflugsboot 50 Liter Diesel zu kaufen. Ich bitte mich nicht für unverantwortlich zu halten, da ich nicht mehr getankt habe, aber es wurde uns das Boot mit komplett leeren Tanks übergeben, und eines ist sicher, von „Karlo", falls er überhaupt in der Marina ist, bekommen wir kein Geld zurück, wenn wir die Tanks voll haben, und ich weiß jetzt schon, daß ich lange brauchen werde um das Geld für die Lichtmaschine zurück zu bekommen, weshalb ich nicht mehr Diesel getankt habe. Nachdem ich die linke Maschine entlüftet habe, fahren wir um 1700 nach „Mali Losinj" weiter wo wir nach 26 Sm um 1800 in der Marina anlegen.

Bei diesem, für Hanni sicher abenteuerlichen Törn haben wir 320 Seemeilen zurückgelegt, und trotz aller Probleme wieder gut zurück gekommen sind, und für die Crew sicher unvergeßlich sein wird.

Für Fischmenü werden Haare geschnitten in der „Lavsa"

Fische putzen in „Lavsa" und im Regen auf der „Flybridge"

Wolfram im Regen am Steuer

3.Kapitel:

1.Törn mit „Elan" vom 11.6. bis 30.6.1983

„Elan F-606" in Jugoslawien 1983

In der „U.Blaca" auf „Mljet"

Daten Motorboot
Elan F-606 „372 BG3 und 371 BG3
Länge ü.a 6,86 m
Breite: 2,38 m
Tiefgang: 0,60 m
Verdrängung: 3,85 BRT 1450 kg
Motor: Diesel Torpedo 13,25 kw
Tank Wasser 30 Liter Tank Diesel 50 Liter
Heimathafen Biograd / Jugoslawien

Am Samstag den 11. Juni 1983 übernehme ich die „Elan F 606"
mit dem Kennzeichen „372 BG 3" in der Marina des Hotels „Ilirija"
allerdings schon mir einer Menge Probleme. Diesmal habe ich als Crew,
Monika, eine neue Freundin von mir mit, da es leider mit „Marion" aus
ist, aber ihr Vater Karl mit seiner Frau Eva ist doch wieder an Bord
mitgekommen, weil es ja schon vorher ausgenacht und das Boot
gebucht wurde. Es wird noch diverses am Boot gearbeitet und ein neuer
Kühlschrank an Bord gebracht, der für das kleine Boot aber immer noch
fast zu groß ist und in der kleinen Kombüse nur unter den Tisch gestellt
wird, aber ohne Kühlschrank würde ich sicher nicht fahren wollen. Es
ist nicht mal ein Kompaß fix im Boot eingebaut, und ich bekomme nur
einen kleinen „Peilkompaß" mit. Es wird mit allen Arbeiten und
einbunkern relativ spät, aber wir fahren trotzdem noch um 2015 mit
einem Kurs von 315° die Küste entlang bis Zadar, wo uns mal der
Motor abstirbt und wir gerade noch um 2245 nach 15 Sm anlegen
können. Der Motor ist sehr heiß geworden, und der neue Kühlschrank
hat den Batterien stark zu gesetzt und wir müssen sogar mit der
Handkurbel nachhelfen um den Motor wieder in Gang zu bringen, wo
erst nach mehreren Versuchen wieder anspringt. Mein Freund „Heimo"
hat uns kurz besucht und es ist relativ eng an Bord und erstmals schläft
Karl im freien, was solange es nicht regnet ja kühler ist, obwohl
rundherum „Wetterleuchten" zu sehen ist mit leichtem NW mit 2 Bft.

Am Sonntag den 12. Juni 1983 müssen wir mal 600.- Dinar
Hafengebühr bezahlen und dann habe ich Probleme, denn da die „Elan"
natürlich in Jugoslawien registriert ist, darf ich nicht im Duty free
einkaufen, da es ja nur für ausländisch registrieret Yachten und mit
ihren Reisepaß genehmigt ist. Ein Deutscher hilft uns aus und wir
können zumindest einen Teil einkaufen damit wir versorgt sind. Ich
laufe in ganz Zadar herum um Geld zu wechseln, aber alles ist
geschlossen und Karl muß mir „Coupons" für Diesel leihen, damit wir
45 Liter Diesel tanken können und auch Kanister füllen können

Da die Stimmung an Bord gut ist und Abends das Barometer
wieder auf 989 hPc gestiegen ist und es total aufgeklart hat, machen wir
um 2100 noch eine Nachtfahrt nach „Sibenik" und laufen mit Kurs 135°
aus. Um 2140 sehe ich an BB vor „Crvena" ein neues Leuchtfeuer, das

noch nicht in der Karte eingezeichnet ist, ein weißer Blitz alle 2 Sekunden. Um 2240 habe ich den Leuchtturm „Prisnjak" vor „Murter" an BB und lege Kurs mit 130° an und wir haben am Montag den 13. Juni 1983 um 0040 den „Rt. Tijascica" an BB und kommen gut bis zum „Sibenski Kanal" und nach 18 Sm legen wir 0145 in „Sibenik" an der Mole. Da die Nacht sehr warm war und gute Sicht war, ist Karl begeistert gewesen, während die Mädels geschlafen haben. Wir bleiben mal liegen und haben das übliche Geschaukel in „Sibenik" an der Mole. Wir tanken am Morgen aus dem Kanister 20 Liter Diesel nach, und wenn es stimmt das wir jetzt voll sind, verbrauchen wir weniger als ich dachte.

Beim Campingplatz bei den Wasserfällen

Um 1255 fahren wir die „Krka" rauf und Monika verschläft den schönsten Teil der Fahrt und wir legen nach 18 Sm um 1435 in „Skradin" an. Das Barometer ist seit Mitternacht wieder um 15 hPc gefallen und steht jetzt auf 975 hPc bei halber Bewölkung. Ich tauche unter das Boot und versuche das Lenzrohr frei zu bekommen, was mir aber nicht gelingt. Ich treffe Andre und Wlasta, die ich mit Marion noch mit der „Andrea" voriges Jahr getroffen habe. Am Dienstag den 14. Juni 1983 bleiben wir in Skradin liegen und nützen den Landurlaub mit

Haaren schneiden von Karl und ich mit Kopfwaschen und rasieren, wozu ich aber zwei Friseure aufsuchen muß. Um 1350 gehen wir zu den Wasserfällen rauf, zu dieser Zeit konnte man noch mit dem eigenen Boot bis zum Campingplatz fahren und um 1400 dort anlegen. Eva hat etwas Husten und ist leicht krank, ich schaue mit Monika die Wasserfälle.

Wenig Wasser mit Monika auf den Wasserfällen

Später erklärte man alles zu einem „Nationalpark" und man durfte nur mehr mit dem Ausflugsboot der Marina zu den Wasserfällen fahren, und natürlich auch Eintritt bezahlen. Da ich später nur mehr mit Segelbooten unterwegs war, hätte ich sowieso keine Chance gehabt, denn die lichte Höhe der Ersten Brücke hat etwas um die 8 m als ohne den Mast zu legen, nicht darunter durch zu fahren. Um 1330 fahren wir wieder zurück nach Skradin wo wir nach heute nur 6 Sm um 1600 wieder anlegen. Natürlich wieder ein abendlicher Besuch bei Mate im Weinkeller durfte nicht fehlen.

Ich habe nun auch das Barometer justiert, da ja die Daten vom Wetterbericht immer wesentlich höher waren, nun habe ich laut Wetterbericht nachjustiert und es stimmt mit 1018 hPc mit dem

Wetterbericht von Split überein. Es ist nicht unbedingt nötig daß es genau die Werte anzeigt, wichtig ist nur ob es fällt oder steigt, und das um wie viele hPc was für die Prognose wichtig ist. Somit kann man dann nach den alten Sprichwörtern auch handeln, wo manche sich auch im englischen reimen, wie in Deutsch:

„Erstes steigen, nach langem Fallen, bringt den stärksten Puster von allen"

Und in Englisch:

„First rise, after a long fall, bring the strongerst blaster from all"

An der Mole in „Hvar"

Wir haben Korcula pünktlich wie berechnet erreicht und nach 35 Sm legen wir um 1910 an der Mole an. Karl hat bei entlüften festgestellt, daß eine Motoraufhängung locker ist, die wir in „Mljet" reparieren wollen. Wenn meine Berechnungen stimmen, dürfte der Tank nur 30 Liter Diesel fassen. Ich gehe auf die Süd Seite von „Mljet", weil ich eigentlich im „Veliki Jezero" der einen Kanal zum Meer hat ankern will.

Auf der Nord Seite ist Polace mit der gleichnamigen Bucht, 1981 gab es hier noch 87 Einwohner, jetzt dürften es noch weniger sein. Hier gibt es die Mauern eines Palastes, der Überlieferung nach des „Agesilaos von Anazarb", sowie Mauern aus der späten Römerzeit. (3-4 Jh.) Ein Teil soll angeblich Verbannten aus Rom gedient haben. „Malo und Veliko Jezero" also zum kleinen und großen See der durch eine Enge Passage vom Meer gespeist wird, wo zum Sagen ist, dort war vor sehr langer Zeit, als noch die Römer zugegen waren, wurde eine der Ersten Gezeitenmühlen bei „Soline" betrieben. Wie im Hafen von „Polace" noch alte Ruinen der Römer stehen, wo angeblich in dieser Zeit „Muränen" gezüchtet wurden, deren Fleisch von den Römer sehr geschätzt wurde. Es wird auch erzählt, daß die Muränen angeblich mit „Sklaven" gefüttert wurden, wenn es wirklich wahr ist, sicher keine feine Art von den Römern gewesen. Nun sehe ich aber bei der Einfahrt zum Inlandsee eine Fahrtverbotstafel und gehe somit in die bei der südlichen Huk vom „Rt.Lenga" in die kleine Bucht „U.Blaca" die aber in den neuen Seekarten von „Navionics" gar keinen Namen mehr hat, nach 18 Sm um 1500 vor Anker und Landfeste. Es ist sehr ruhig in dieser Bucht und ich schaffe es mit Weißbrotkügelchen und Grundangel einen „Skrpina" (Großer Drachenkopf) zu fangen, ich sah die Stacheln bei den Rücken und Seitenflossen, aber zu dem Zeitpunkt wußte ich noch gar nicht wie giftig er eigentlich ist, bei tauchen sollte man besser nicht von den Stacheln gestochen werden, das Gift führt zu Atemlähmung. Nun aber nach braten oder kochen ist er, wie jedes Eiweißgift durch Erhitzen unschädlich wird, ein Speisefisch der „Klasse eins" und hat, wenn es auch wenig für alle war, bei der Verkostung gut geschmeckt. Unser Heckanker hält gut und den kleinen Faltanker habe ich als Landfeste zwischen den Felsen eingeklemmt, somit kann ein Seil nicht auf den scharfen Felskanten schamfilen.

Meinen Ersten „Skrpina" (Großer Drachenkopf) gefangen

Am Mittwoch den 22. Juni 1983 haben wir in der Nacht etwas Regen und relativ starken Wind, der Anker hat aber gut gehalten. Karl hat die Motoraufhängung angeschraubt und auch den locker gewordenen Luftfilter und einen Liter Motoröl nachgefüllt. Um 1055 gehen wir ab und ich schaue noch vor den Kanal zum Inlandsee, da ich innen doch Boote gesehen habe, natürlich alles Einheimische und da uns auch sofort jemand zuruft, daß hier die Einfahrt verboten ist, obwohl wir ja ein Boot haben, das in Jugoslawien registriert ist, verzichte ich auf eine Durchfahrt und wir gehen weiter mit einem Kurs von 105° in Richtung Festland. Vor Mljet haben wir die Ersten Delphine gesichtet und wir kommen gut nach dem Industriehafen von Dubrovnik „Gruz" wo wir mal um 1640 beim Yachtclub anlegen und die Crew zum Einkaufen geht. Wir fahren wir noch den Fluß „Dubrovaca" hinauf und legen uns nach 38 Sm um 2130 in die Marina „Komolac". In Komolac ist Bora, die hier im Flußtal manchmal in Orkanstärke wehen kann. Der Fluß ist bis zum Kloster in der Siedlung Prijevor 170 - 400 m breit und befahrbar für Boote aller Größen, von „Prijevor" an wird er dann schmaler und seichter. In der Nacht haben wir starken Regen und da Wind nun von anderer Seite kommt, muß ich um Mitternacht noch die Fender umhängen. Habe heute auch noch mit Wien telefonieren können.

Crew in „Stari Grad" Dubrovnik

Am Donnerstag den 23. Juni 1983 bezahlen wir mal 450.- Dinar für die Marina Komolac und um 1400 fahren wir nach „Dubrovnik" wo wir im Hafen von der Altstadt festmachen, wo wir zwischen den vielen Einheimischen Booten nicht auffallen, nur als mich ein paar ansprechen wollen, bemerken sie erst, daß wir Touristen sind. Was die schönsten Sehenswürdigkeiten von Dubrovnik sind, sei kurz beschrieben.

Die Stadtmauer stammt aus dem 10. Jh. und wurde zwischen 12. und 17. Jahrhundert verstärkt. Um alle Sehenswürdigkeiten von Dubrovnik aufzuzählen würde es zu lange dauern aber sie sind es Wert gesehen zu werden.

Dubrovnik Brunnen und rechts Stadtmauern mit Geschützstellung

In der Umgebung gibt es noch die Festung Fort „Imperial" auf dem Berg „Srd" in 412 m Höhe wo eine Drahtseilverbindung mit dem Stadtteil „Kono" bestand. Die Drahtseilbahn wurde aber beim letzten späteren Bürgerkrieg zerstört. Vor Dubrovnik liegt eine halbe Seemeile entfernt die Insel „Lokrum" wo ein einstiges Benediktinerkloster mit Kirche aus dem 14. Jahrhundert steht. Der Überlieferung nach landete angeblich 1191 der englische König Richard Löwenherz auf Lokrum, bei der Rückkehr vom Kreuzzug als er von einem Sturm überrascht wurde. Im 1. Weltkrieg versenkte am 18. Juli 1915 in den Gewässern vor Dubrovnik das österreichische Unterseeboot "U-4" (Kmdt.Singule Rudolf) den italienischen Panzerkreuzer "Giuseppe Garibaldi"! Da wir fast Vollmond haben, machen wir nach einen Stadtbesichtigung den Plan abzufahren und mit einer Nachtfahrt zurück nach Korcula zu fahren.

Korcula hat auch einiges an Historie aufzuwarten. Die Flotte von Genua besiegte 1298 in der Nähe von Korcula die venezianische Flotte, und da wurde „Marco Polo", der bekannte Welt - Wanderer, der Abstammung nach vermutlich aus Korcula, gefangengenommen. Natürlich kann man für Geld, das Haus Marco Polos besichtigen, von dem aber nur mehr ein Turm übrig ist und eher enttäuschend für mich war. Auch hier würden die Sehenswürdigkeiten mehrere Seiten füllen aber die Stadtmauer aus dem 13. Jahrhundert die 1875 teilweise zerstört wurden, mit ihren Stadtbasteien: Zorzi (1449), Balbi (ab 1483) und dem Turm neben der Bastei Balbi (1449) sind auf jeden Fall sehenswert. Es gibt kirchliche Schatzkammern und reiche Sammlungen kulturhistorischer Denkmäler und Kunstwerke. Den Renaissance Palast „Gabrielis" aus dem 16. Jahrhundert und im Museum verschiedene Sammlungen aus der Geschichte und Entwicklung von Korcula. Außerhalb des Stadtzentrums steht die Festung „Sveti Vlaho", daß Fort „Wellington" aus 1813.

Ich habe mal alle Stauräume gereinigt, wo etwas Wasser mit Diesel vermischt war, irgendwo dringt Wasser ein, könnte natürlich von der Verbindung Rumpf mit Deck sein, wo immer wieder die Gummischeuerleiste weggerissen wird wenn ein starker Wellengang ist, und dort dann dazwischen das Seewasser reingedrückt wird. Eva hilft mir dabei und bei der Gelegenheit habe ich die Konserven von den BB Schapps unter die Bugkoje verstaut und die Kanister mit der Werkzeugkiste nach STB verstaut um eine bessere Gewichtsverteilung zu bekommen. Die BB-Matratze in die Sonne zum Trocknen gelegt wo es immer am Bug an BB etwas naß wird. Um 1210 gehen wir mit einem Kurs von 290° ab von Korcula und um 1555 haben wir die Insel „Scedro" an STB und ich ändere Kurs auf 296° und wir kommen gut nach „Hvar" wo wir nach 34 Sm um 1740 anlegen.

Kurz darauf gibt es einen Menschenauflauf auf der Mole, zwei Schiffe weiter liegt ein österreichisches Segelschiff an der Mole und hat viel Werbung für „Gösser Bier" mit Banner aufgespannt und einer steht mit einem „Herd" an der Mole und kocht „Palatschinken" für die Leute, was natürlich viele anzieht und einer von der Crew viele Fotos und Video von dem Spektakel macht, wahrscheinlich werden sie dadurch von „Gösser" gesponsert, hoffentlich nicht nur mit Bier. Wir fahren am Abend mit dem Disco Bus zur Festung rauf, nur als dann die Disco zusperrt und es schon relativ spät ist, fährt kein Disco Shuttel Bus mehr, und wir müssen zu Fuß von der Festung im dunklen runter gehen, aber kommen gut an Bord zurück.

Am Samstag den 25. Juni 1983 Um 1905 setzen wir in der „U. Stupica Mali" den Anker mit Landfeste und Karl füllt die letzten 10 Liter Diesel aus dem Kanister ein. Kurz darauf kommen zwei Soldaten den Hügel herunter und erklären mir, daß es hier ein militärisches Sperrgebiet sei und wir wieder ablegen müssen. Obwohl in der Seekarte nichts als „Sperrgebiet" eingezeichnet ist, gehen wir um 2010 Anker auf und in die etwas nördlicher liegende „U.Stupica Veli" um 2020 nach 44 Sm vor Anker. Ein paar Jahre später, wurde Ante der dann den Armeestützpunkte beaufsichtigte, als so eine Art Hausmeister, mein Freund und seine Frau Zlavka war sogar in Wien im Cafe „Falk" Serviererin, und wir haben dann öfters in der „Stupica Mali" geankert und bei Ante gutes Fischmenü gegessen.

Am Sonntag der 26. Juni 1983 gehen wir nach Badetag um 1545 nach Sibenik wo wir um 1740 an der Tankstelle 59 Liter Diesel und zwei Liter Motoröl um 2.650.- Dinar kaufen. An der Tankstelle reißt uns das Schaltseil, Karl und ich zerlegen alles, aber wir brauchen ein neues Schaltseil, was wir hier am Sonntag nicht bekommen werden. Wir können aber direkt am Getriebe mit der Hand schalten und somit gehen wir um 1900 noch ab nach Biograd, wo dann die Charterfirma das Schaltseil tauschen kann. Karl hat noch das Boot gereinigt und die Mädchen liegen auf der faulen Haut und lesen, und weil das Meer wie Karl sagt, „totenglatt" ist, kommen wir in der ruhigen und warmen Nacht gut bis „Biograd" wo wir nach 38 Sm um 2310 vor der Marina vom Hotel „Ilirija" anlegen.

Am Montag den 27. Juni 1983 werden wir bereits um 0700 aufgeweckt, weil wir am Slipp Platz lagen und die Deutschen neben uns so einen Lärm machen. Die Mechaniker kommen an Bord und wir bauen gemeinsam das Schaltseil aus und es wird geschweißt und wir bauen es wieder ein, nur müssen wir nachdem wir um 1240 ablegen, die Schaltung neu justieren, da der Vorwärtsgang nicht reinging. Sie haben uns auch mit Silicon den Bug unter der Gummi Scheuerleiste abgedichtet, ich hoffe, daß jetzt kein Wasser mehr reingedrückt wird. Im Hotel wollten sie sogar 300.- Dinar für die Dusche verlangen, worauf wir dann verzichtet haben. Auf der Fahrt läuft der Motor etwas unruhig und ich versuche auf der Fahrt zum Entlüften, war aber nicht erfolgreich. Um 1520 legen wir nach 15 Sm in Zadar an wo Karl nochmals den Motor entlüftet und meint, nun erfolgreich gewesen zu sein, na wir werden morgen sehen ob es stimmt. Heute mal mit Eva und Karl alles abgerechnet und in der Nacht noch ein großes „Saufgelage".

Am Dienstag den 27. Juni 1983 gehen wir um 1315 ab mit einem Kurs von 300° in Richtung NW und da Motor immer noch etwas unruhig läuft und um 1545 haben wir „Tovarnjak" an STB und wir gehen südlich bis zur Mole des „Luka Jazi" wo wir um 1600 nach 17 Sm anlegen. Ich mache die Dieselfilter auf und entlüfte nochmals und tausche den Impeller der Wasserpumpe wo zwei Flügel eingerissen sind. Die Mädchen gehen einkaufen und leider beginnt in der Nacht starker Schwell, worauf um Mitternacht am Mittwoch dem 28. Juni 1983 ich die Landfeste löse und lieber vor Anker in den Wind gehe, was wesentlich ruhiger ist. Zur Sicherheit teile ich aber eine Ankerwache ein. Ich bleibe mal auf und Karl übernimmt von 0300 bis 0400 und Monika von 0400 bis 0500 und ich übernehme wieder von 0500 bis 0600 und gehe dann um 0600 auf die Nord Seite der Bucht „Jazi" wo es wesentlich windstiller ist, nur steht etwas starke Dünung. Eva übernimmt dann die letzte Wache und da der Anker gut hält, kommen wir das Erste Mal in dieser Nacht etwas zum Schlafen. Um 1240 versuche ich mal raus zu fahren, aber um die Huk haben wir einen Seegang von 6 Stärken und ich drehe gleich wieder um und lege um 1255 wieder an. Um 1500 ein neuerlicher Versuch, aber der Motor läuft immer noch nicht „rund" und es endet bereits um 1605 in „Sestrunj" wo wir versuchen nochmals zu entlüften. Um 1650 gehen wir wieder ab und im „Pasmanski Kanal" stirbt der Motor wieder ab, obwohl Karl in „Sestrunj" eine Dieselleitung neu abgedichtet hat, wir füllen 10 Liter Diesel nach und entlüften nochmals aber erfolglos und wir laufen „Pasman" an wo wir um 2050 nach 31 Sm anlegen und ich hoffe, daß wir diese Nacht endlich ruhig schlafen können.

Einsame Buch „Blaca" auf Mljet

Am Donnerstag den 30. Juni 1983 wieder ein erfolgloser Versuch zu entlüften und wir gehen vor „Sv. Katharina" um 1100 vor Anker wo Karl und ich das Boot reinigen. Um 1500 gehen wir zurück in die Marina Biograd und legen um 1530 an wo die Crew anfängt alles auszuladen und ich mit den Mechanikern eine Probefahrt mache und sie feststellen, daß die Welle kaputt ist und sie es fast nicht fassen können, daß ich mit der „Elan" bis nach „Dubrovnik" gefahren bin. Das Boot wird herausgehoben und es kommt was ich befürchtet habe, ich muß das Boot tauschen und bekomme nun eine andere „Elan F 606" mit dem Kennzeichen „371 BG 3" und ich alles umräumen muß, was relativ viel Arbeit für mich bedeutet. Meine Crew, Monika, Eva und Karl sind bereits am Abend nach Wien abgefahren und ich bin nun alleine an Bord. Die Mechaniker haben relativ viel gemacht, der Auspuff wurde abgedichtet aber die Ladekontrolle leuchtet, also werden sehen was morgen sein wird. *Dubrovnik Stadtmauer zur Seeseite*

4.Kapitel:

2. Törn mit „Elan" 1.Juli bis 16.Juli 1983

Freitag der 1. Juli 1983 bereits um 0700 kommen die Mechaniker an Bord und fangen an den Regler zu tauschen, aber es nützt nichts, die Ladekontrolle leuchtet weiter auf. Es wird bereits Mittag aber sie haben den Fehler immer noch nicht gefunden, ich vermute allerdings es ist die Lichtmaschine. Dazu zu sagen, für einen Laien der zwar eine normale Lichtmaschine kennt, hier handelt es sich nicht um die neuen Wechselstrom Lichtmaschinen die in den PKW jetzt verbaut werden, sondern es handelt sich um eine Gleichstromlichtmaschine und nicht nur das, sondern es ist ein sogenannter Dynamostarter, der gleichzeitig Lichtmaschine und Starter ist, er wird mit zwei Keilriemen über die große Schwungscheibe verbunden wodurch geladen und gestartet werden kann. Sie bringen einen neuen „Dynamostarter" der aber genau seitenverkehrt ist und nicht paßt.

Die Mechaniker haben um 1530 eine Personalbesprechung und dann kommen zwei „Elektriker", aber mit demselben seitenverkehrten Dynamostarter! Somit bauen sie alte Lichtmaschine aus und zerlegen sie und reparieren sie, nach Einbau funktioniert sie genau fünf Minuten dann ist die leuchtende Ladekontrolle wieder da. Nun nehmen sie Beide „Dynamostarter" mit und kommen um 1700 wieder und bauen sie ein und wir machen eine Probefahrt. Ich kann es gar nicht glauben, aber jetzt funktioniert alles und die Ladekontrolle leuchtet nicht mehr! Ich fahre dann noch alleine ein paar Seemeilen um zu testen ob die Reparatur anhält und setze mal den Anker vor „Sv.Katharina" den Anker und reinige das Boot, es schaut nach den Mechanikern fürchterlich aus. Ich justiere nochmals das Barometer und binde den Wasserschlauch ab und mache mir eine bessere Kompaßhalterung und gehe zurück nach Biograd wo ich nach 10 Sm um 1900 wieder in der Marina anlege und tanke gleich Wasser voll.

Samstag der 2. Juli 1983 ist mit leichtem NW Wind und halber Bewölkung ein schöner aber früher Beginn, da mich die neue Crew bereits um 0700 aufweckt. Mein Freund Horst hat die Mutter von

Marion, Sigrid mit Tochter Sigrid „Twiggy" und meine nächste Freundin Silvia nach Biograd gebracht und darf dafür bis Montag an Bord bleiben. Wir bunkern alles ein und gehen einkaufen. Leider heute keinen Wetterbericht gehört, den „Radio Zagreb 2" sendet am Samstag keinen.

Erich und Silvia

Es ist etwas eng an Bord aber Horst bleibt ja nur bis Montag. Es ist etwas laut im Hafen von „Kukljica" aber heute wird die Crew sicher gut schlafen. Heute Sonntag den 3. Juli 1983 wir gehen um 1020 in die Kornaten rüber und gehen die „Telascica" bis ans Ende wo wir uns und gehen auf die N Seite der Bucht „U.Pasjak" und legen uns mit Heckanker nach 16 Sm um 1300 an die kleine Steinmole. Wir machen einen zwei Stunden Spaziergang nach „Sali" rüber, nach dem „Gewaltmarsch" ein Motto „Sali sehen und sterben". Ich hoffe Wetter bleibt so und am Abend lernen die Mädchen mal den „Palstek" und ich hoffe, sie können ihn morgen auch noch.

Sigrid und Twiggy am Weg nach „Sali" u. Erich auf Straße

Am Montag den 4. Juli 1983 wieder ein schöner Tag und wir gehen um 1150 bis zur „Katina" wo die Durchfahrt zwischen „Dugi Otok" und der „Kornati" ist und die kleine Insel „Katina" liegt wo südlich die „Veli Proversa" ist, wo zur Ansteuerung noch zwei alte Steinkegel aus der Römerzeit als Landmarken dienen, die man in Deckpeilung halten sollte. Weniger tief ist die nördliche Durchfahrt „Mala Proversa" die aber später ausgebaggert wurde und nun auch mehr

64

Tiefe hat. Die Crew ist noch etwas nervös, vor allem, da ich fast 10 Minuten Wasser aus der Bilge pumpen mußte, anscheinend gehört die Stopfbuchse nachgezogen, sie dürfte nicht dicht sein und dadurch bei der Welle viel Wasser eindringen. Nach einem Badestop gehen wir um 1440 ab und nach Biograd zurück wo wir um 1740 nach 23 Sm in der Marina anlegen.

Horst geht von Bord und fährt nach Wien zurück und die Mechaniker kommen an Bord und ziehen die Stopfbuchse nach, aber es geht meiner Meinung nach, sehr viel Fett in die Buchse rein, dürfte schon lange nicht gewartet worden sein. Ich habe auch gleich einen Faltanker gegen einen „Dehenfort" ausgetauscht der etwas schwerer ist und hoffentlich besser hält. Wir machen Nachtfahrt und kurz nach Mitternacht am Dienstag den 4. Juli 1983 haben wir um 0010 die letzte kleine Insel vom „Pasmanski" Kanal und das grüne Leuchtfeuer von „Galensjak" an STB und ich fahre mit Kurs 315° weiter. Bald bekommt wie erwartet „Twiggy" ein „Breakdown" und auch Sigrid geht sich die „Augen ausrasten" nur Silvia hält mit mir durch. Wir machen gute Fahrt und haben „Plic Sajda" um 0330 an BB und ich habe Kurs 300° angelegt, nur fällt aber nun Nebel ein. Als wir um 0510 das Feuer vom „Rt. Vranac" am nördlichen Ende von „Molat" vor „Zapuntel" an BB haben, ist die Sicht wie „Erbsensuppe" und es wird anstrengend zum navigieren und Kurs zu halten. Wir kommen zum Süd Ende von „Silba" wo „Juzni Arat" an STB ist um 0615 vorbei und fahren die Insel entlang um dann um 0645 an der Mole anzulegen.

Um 1130 muß ich von der Mole weg da die Fähre kommt und gehen für einen kurzen Check vor Anker wo ich auch gleich 10 Liter Diesel nachfülle. Durch die Welle kommt jetzt kein Wasser mehr rein, was mich sehr beruhigt. Wir leisten uns im „Veli Zal" ein feines Abendessen. Am Mittwoch den 6. Juli 1983 gehen wir um 0955 nach „Susak" wo wir um 1115 den Anker für einen Badetag setzen und ich nochmals klar Schiff mache. Als ich die BB Schapps reinigen will, stelle ich fest, ich habe dort noch fast 20 Liter Wasser stehen, wo das genau reinkam ist nicht sicher, jedenfalls kann ich nun alle Teigwaren, Mehl und Kaffeefilter wegwerfen da alles mit Meerwasser durchtränkt ist.

Twiggy hat auch die Qualle gut überstanden

Silvia wurde beim Schwimmen von einer kleinen Qualle am rechten Fuß berührt, aber ein paar Stunden später wieder alles gut und brennen hat aufgehört. Um 1655 gehen wir zurück nach „Mali Losinj" wo wir nach 16 Sm um 1805 in der Marina anlegen. Sigrid ist schlafen gegangen und ich mache mit Silvia und Twiggy einen Stadtbummel und wir besuchen auch meinen Freund Enzo im „Cafe Treff" und es wird 0130 als uns Enzo in die Marina gefahren hat.

Nun haben wir schon Donnerstag den 7. Juli und mir macht mein Kopf etwas sorgen, befürchte das ich eine Stirnhöhleneiterung bekomme, wie sich die Schmerzen anfühlen. Ich erledige alles mit dem Hafenkapitän „Sladko" und die Mädchen sind unterwegs und lassen mich drei Stunden in der Hitze auf sie warten, ein nachdenken kann man nicht von ihnen erwarten. Silvia ist die einzige die manche Dinge von alleine erledigt und sich darum kümmert. Für mache ist der Strandurlaub besser, da braucht man nichts tun als im Sand herum liegen, die sind für ein Boot eher ungeeignet.

66

Am Freitag den 8. Juli 1983 kommt heute, eigentlich später als ich erwartet habe, der Erste hysterische Ausbruch mit einer Heulerei von Sigrid, wo sie glaubt mit Sturheit mir etwas zu Fleiß zu tun. Sie hat jedenfalls für ein Boot und die Gemeinschaft an Bord kein Interesse, entweder zu blöd oder zu faul dafür. Wir bleiben liegen und machen am Strand einen Badetag und ich hatte mit Einzelbildern mit der „Super 8" Filmkamera einen Filmtitel gemacht.

Am Samstag den 9. Juli 1983 gehen wir um 1000 ab und nach Ilovik machen die Mädchen klar Schiff und als ich am offenen Meer anhielt damit wir uns etwas im Meer abkühlen können, erwischt Twiggy beim rein springen mit ihrer linken Brust genau eine Qualle, wir sind ja alle nackt an Bord speziell, wenn wir schwimmen gehen. Man kann genau den Abdruck mit dem Tentakel auf der Brust erkennen. Auch hier vergingen ein paar Stunden bis alles wieder vorbei ist und das brennen aufgehört hat. Die Stimmung ist etwas besser geworden und wir haben super Wetter und fast keinen Wind und wir gehen bis in die „U.Pantera" wo wir um 1345 in der Bucht den Anker setzen mit langer Landfeste nach 22 Sm anlegen.

Mit langer Landfeste in der „U.Pantera" beim „Veli Rat"

Mit Silvia und Twiggy machen wir einen Spaziergang zu meinem „Lieblings Leuchtturm" auf die Westseite der „Dugi Otok" rüber. Der Leuchtturm „Veli Rat", er wurde im Jahr 1849 gebaut und ist 42 Meter hoch und heute der höchste Leuchtturm an der Adria. Er verdankt seine eindrucksvolle Erscheinung seiner gelben Fassade, für die, nach mündlicher Überlieferung, 100 000 Eigelb verwendet wurden, so steht es jetzt in der Werbung 2022 für Kroatien über den „Veli Rat" der jetzt schon Touristisch genutzt wird und die im Hof des Leuchtturms befindliche Kapelle des Hl. Nikolaus, ein Ort wurde der mehr und mehr für Organisierung von romantischen Hochzeiten gefragt wird, wobei der Leuchtturm auch Apartments im Angebot hat. Allerdings, waren meine Berichte von den Einheimischen und in alten „Adria Führern" etwas anders, denn dort stand drinnen, daß die damals 200.000 EIKLAR für den Verputz verwendet haben, was eigentlich mehr Sinn ergibt um sie als Bindemittel zu verwenden, als das Eigelb. Vor allem nachdem ich ja 35 Jahre in der Adria gefahren bin, der „Veli Rat" nie gelblich ausgesehen hat. Mit vielen Crews hatte ich Diskussionen, was die wohl mit den Eidottern getan haben?

Am Sonntag den 10. Juli 1983 Kurz vor „Biograd" kommt Panik bei der Crew auf, weil Rauch aus dem Motorraum kommt. Es ist eine Dieselleitung undicht geworden und der feine Dieselstrahl spritzte genau auf den Auspuff wo er verdampfte und den Rauch erzeugte, somit haben die Mechaniker wieder was zu tun, denn am Vormittag hat auch wieder die Ladekontrolle aufgeleuchtet, ist aber nach 10 Minuten wieder ausgegangen. Wir legen um 1615 nach 36 Sm in Biograd in der Marina an. Wir waren unterwegs und Twiggy ging noch an Bord zurück wo sie dann den Schlüssel verloren und neben dem Boot versenkt hat. Sie hatte aber das Boot offen gelassen so konnte sie hinein und konnte in dem relativ seichten Wasser den Schlüssel wieder rauf tauchen.

Am Montag den 11. Juli 1983 haben sie um 0900 die Dieselleitung demontiert, aber ich warte um 1200 noch immer auf die Mechaniker als sie endlich kommen. Die Mädchen haben einen Waschtag eingelegt und um 1300 gehen wir ab von Biograd in Richtung Sibenik wo wir dann bei der Einfahrt in Kanal bereits Regen mit Gewitter haben, wir kommen aber gut zur Tankstelle wo wir um 1650 anlegen und mal 64 Liter Diesel um 2.500.- Dinar tanken. Der Tankwart wollte mich um 500.- Dinar betrügen und verlangte 3.000.- Dinar, da ich aber sofort nachgerechnet habe ist es ihm nicht gelungen, immer wieder trifft man auf solche Arschlöcher! Oh, Entschuldigung, ich soll nicht so ordinär sein, also wieder ein „Wurm". Um 1715 gehen wir die Krka hoch und legen nach heutigen 35 Sm um 1855 in Skradin an. Außer Silvia ist die Crew nicht wirklich an ein Bordleben interessiert und nachdem wir die Krka im Gewitter raufgefahren sind, ist es eher freudlos gewesen. Ich versuche meinen Frust bei Mate zu ertränken, was mir fast gelingt und ich heute eher „leicht" betrunken ist, was an der Schrift im originalen Logbuch leider auch zu erkennen ist.

Am Dienstag den 12. Juli 1983 fängt es schon am Morgen mit Streß an, denn Sigrid beschwert sich, daß ich mich um 0830 zu laut geschneuzt habe. Da es aber in meinem Kopf zugeht wie auf einem „Kriegsflugplatz" will ich nicht weiter Diskutieren, geschweige denn mit ihr streiten.

Sonnenuntergang in Murter

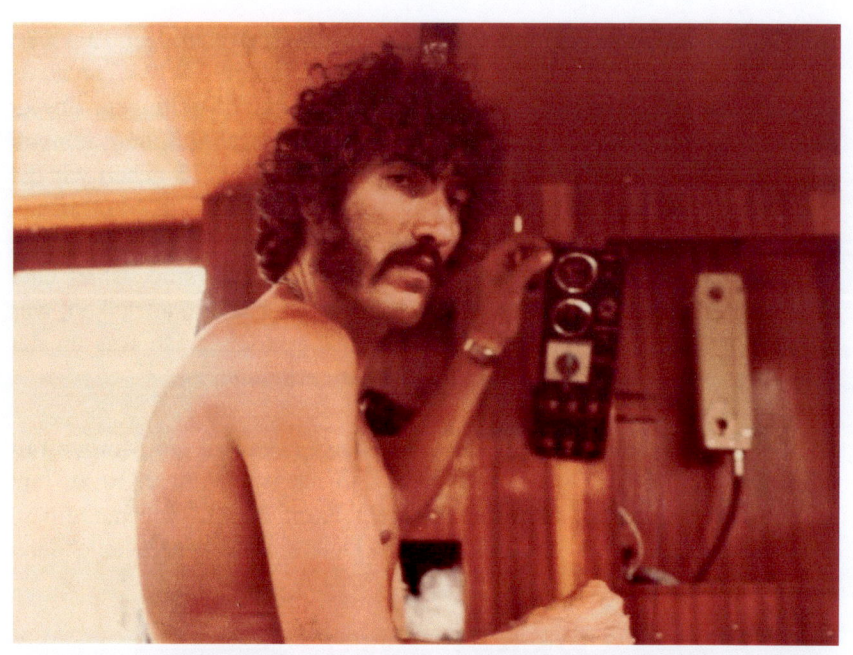

Ich zerlege das Instrumentenboard wo Kontakte lose sind.

Leuchtturm „Veli Rat" und als Erinnerung an viele Sonnenuntergänge

5.Kapitel:

3.Törn mit „Elan" vom 16.7. bis 24. Juli 1983

Am Samstag den 16. Juli 1983 weckte mich bereits um 0545 Monika auf, die wieder an Bord gekommen ist und mit Horst mitfuhr, der ja meine restliche Crew wieder nach Wien zurückholt. Um 0900 waren die Mechaniker mit allen Arbeiten fertig, was mich sehr gewundert hat. Ich habe mal bis auf die Gasflasche alles bekommen, das Toplicht wurde repariert und ich bekomme einen Kübel, eine Dichtung und Fett.

Rechts „Vinco" die Mechaniker wieder mal an Bord

Um 1000 kommt auch die restliche Crew an, eine alte Jugendfreundin Regina mit ihrem Freund Erich. Wir bunkern alles ein und gehen noch zusammen Mittagessen und sind dann froh aus der Marina raus zu kommen und fahren um 1435 von Biograd ab in Richtung „Zdrelac Enge". Die neue Crew konnte nach fünf Minuten schon den „Palstek" und ich gehe durch die Brücke durch und sehe, daß im „Srednji Kanal" eine relativ grobe See steht, da Erich leider Nichtschwimmer ist, möchte ich den Seegang nicht am ersten Tag zumuten und gehe zurück in die „Zdrelac Enge" wo wir um 1650 nach 12 Sm den Anker setzen.

Am Sonntag den 17. Juli 1983 haben wir die Nacht gut überstanden obwohl wir relativ lange, „feuchtfröhlich" gefeiert haben. Wir gehen um 1015 ab in Richtung NW zwischen den Inseln durch bis ans Ende der „Dugi Otok" wo wir in der „U.Pantera" an der Mole vom Leuchtturm anlegen, obwohl dort eine Tafel mit „Anlegen verboten" steht, nur da andere auch anlegen, mache ich es auch und wir machen mit Landfeste nach 23 Sm um 1405 fest. Ein paar junge Leute köcheln eine dalmatinische Muschelspezialität an der Mole und wir werden von ihnen eingeladen und revanchieren uns mit einer Kanne Cafe bei ihnen. Monika und ich gehen auf die West Seite zum Leuchtturm „Veli Rat" rüber um Regina und Erich etwas privat Sphäre zu lassen, eventuell für „Freizeitgestaltung". In der Nacht verlängere ich noch die Landfeste und es blieb sogar ruhig.

Erich, Regina und rechts Monika beim „Veli Rat"

73

Regina in „Skarda" beim Sonnenbaden und Erich mit Schwimmweste

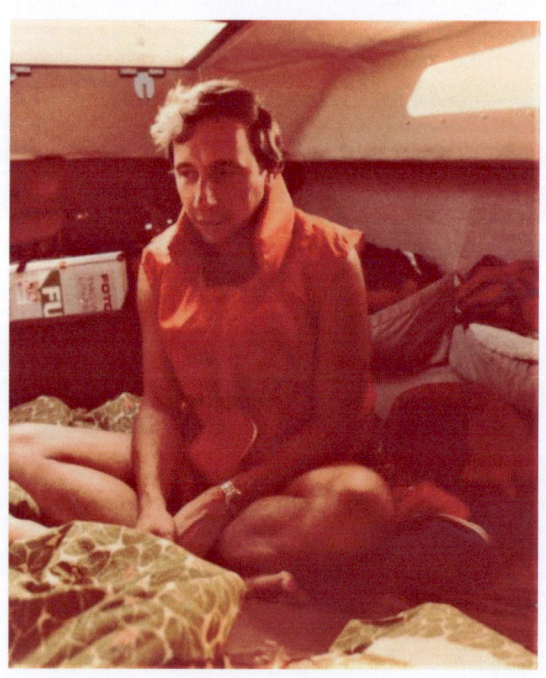

Am Donnerstag den 21. Juli 1983 Wir wollten am Abend noch Baden gehen, aber auf einmal war die Bucht voller Quallen und wir haben lieber verzichtet zu schwimmen. Den Abend verbringen wir mit Kartenspielen worauf dann Regina mit Erich auf „Kriegsfuß" ist. Am Freitag den 22. Juli 1983 ist am Morgen die gesamte Crew im „Kriegszustand", warum kann ich jetzt nach 40 Jahren nicht mehr genau sagen, im Logbuch habe ich es leider nicht so genau dokumentiert, wie ich es dann Jahre später immer gemacht habe. Obwohl wir zwei Mädchen an Bord haben, mußten wir uns um 1000 das Frühstück selber machen, ich hoffe doch, daß sich das alle bald beruhigen wird. Ich lasse die Gasflasche neu füllen und nun wollte, nach Regina und Monika sogar Erich abbrechen und nach Hause fahren und nach langen Diskussionen beim Abendessen, kehrt wieder etwas Frieden ein, und die Crew will nun doch bleiben.

Da es eine wunderschöne klare und ruhige Nacht ist, und ich einen „Kampf" mit Gelsen, der in der Marina leider unvermeidlich ist, machen wir noch eine Nachtfahrt mit Ziel „Skradin" und legen um 2125 von „Biograd" ab. Bei einem Luftdruck von 1012 hPc und totaler windstille und glatter See mit klarem Himmel, gehen wir SE und dann kommt etwas Unerfreuliches, denn nördlich von „Vrgada" kommt Rauch aus dem Motorraum und in der Crew etwas „Panik" auf. Allmählich habe ich ja schon Übung darin, es ist ja schon das dritte Mal das ich Rauch aus dem Motorraum kommen sehe.

Nur leider dreht mir Erich fast komplett durch, er hat wirklich Panik, was ich ja, weil er Nichtschwimmer ist auch verstehen kann, nur schreit er durch die Gegend und geht durch die Luke vorne auf das Deck, vergißt aber nicht Regina zu zurufen, sie soll Geld und Pässe mitnehmen. Nun bevor ich was unternehmen kann und in den Motorraum sehen will, nachdem ich den Motor abgestellt habe, wirft er mir den Rettungsring und die Luftmatratze für die Füße und ich habe keinen Platz mehr in der engen Kabine.

Er macht mich etwas fertig und ich ärgere mich über diese Aktion, denn es ist sicher noch keine Gefahr für ihn, vor allem hat er Schwimmweste angezogen und es ist total ruhige See. Ich ermahne ihn und sage er soll mal ruhig sein und schaue mal in den Motorraum, wo ich sehe, der „Dynamostarter" ist komplett heiß geworden und hat mir fast den Motor abgewürgt und wieder mal ein Kurzschluß, denn das Pluskabel hat zum Schmoren angefangen, was den fürchterlichen Rauch verursacht hat. Ich kann die Zündung nicht mehr einschalten, da alles sofort Kurz schließt und da Pluskabel noch immer schmorrt, nehme ich es ab und da der „Torpedo" zwei Zylinder Diesel, eigentlich ein „Volvo Penta" Nachbau ist, kann ich ohne Zündung mit den Dekompressions Hebeln, den Motor ohne Zündung und Starter mit der Handkurbel starten und er springt wieder an und ich bin nach 20 Minuten mit der Reparatur fertig und wir drehen um und fahren nun ohne Positionslichter nach Biograd zurück, wo wir um 2310 nach heute 50 Sm in der Marina anlegen.

Am Samstag den 23. Juli 1983 stehe ich bereits um 0600 auf, was aber nichts nützt. Die Mechaniker kommen erst um 0900 und beginnen mit der Arbeit. Vinco sorgt dafür, daß wir diesmal einen neuen „Dynamostarter" bekommen, auch tauschen sie alle Kabel aus und zwei neue Keilriemen gegeben und auch das Wasserpumpenrad erneuern sie, ich habe ihnen 500.- Dinar Trinkgeld gegeben und somit haben sie die Stopfbuchse auch noch aufgemacht und drei neue Lagen Graphitschnur eingelegt und sogar den Motorraum saubergemacht und von Vinco bekomme ich sogar noch einen neuen Fender. Um 1130 sind sie mit allen fertig und ich hoffe, daß nun alles in Ordnung ist.

Wir gehen um 1300 ab von Biograd, da sich die Crew nun doch entschlossen hat nicht auszusteigen. Auf der Fahrt schläft die Crew fast die ganze Zeit, die Mannschaft hält nichts aus. Nach dem Leuchtturm „Prisnjak" vor Murter, den wir um 1420 an BB haben, übernimmt dann um 1505 beim „Kukuljari" mal Erich das Steuer bis zum „Rt. Tijascica" den wir um 1610 an BB haben und ich wieder das Steuer übernehme. Wir gehen bis „Skradin" wo wir um 1830 nach 33 Sm vor dem Weinkeller von Mate anlegen. Ich wechsle die Gasflasche und ziehe Stopfbuchse nach, da ich wieder relativ viel Wasser aufgenommen. Abends bei Mate gewesen und mir ging es danach gar nicht gut, irgendwie versuchte ich wieder mal meinen „Frust" zu ertränken.

76

Am Sonntag den 27. Juli 1983 war die Stimmung an Bord am „Ende" und die Crew will aussteigen. Angeblich hatte ich gestern bei Mate und dann noch an Bord einen Streit mit der Crew und ich habe sie angeblich fürchterlich beschimpft. Eine Schande für mich als Skipper, aber da ich mich beim besten Willen an nichts mehr erinnern kann, muß ich wohl die Geschichte der Crew glauben und es einsehen, daß sie aussteigen wollen. Da ja Monika, selbst wenn sie wollte, nur mit Erich wieder zurückkann, wird sie wohl oder übel mit ihm mitfahren müssen, obwohl ich sie wahrscheinlich nicht so beschimpft habe.

Ich bezahle den Schwiegersohn von Mate 3.000 Dinar damit er Erich nach Biograd fährt und er sein Auto holen kann und ich habe in Skradin die Crew ausklariert und bin um 1500 bereits alleine an Bord.

6.Kapitel:

4. Törn mit „Elan" vom 25.7. bis 30.7.1983

Montag der 25. Juli 1983 und ich bin nun alleine an Bord und fahre nun alleine mit dem Boot und ich kann über vieles nachdenken und dabei habe ich ein Gefühl bekommen, daß man eigentlich nicht beschreiben kann, jedenfalls nicht ich, denn ich bin kein Schriftsteller. Aber ich erlebe ein seltsames Gefühl alleine an Bord und am Meer zu sein, was vielleicht „Hemingway" gut beschrieben hat, was ich auch gelesen habe. Jedenfalls fühle ich mich trotz der widrigen Situation und frühzeitiger Abreise meiner Crew relativ gut und alles andere als einsam. Ich kommen gut bis nach Biograd wo ich nach 34 Sm um 1915 in der Marina anlege. Die Mechaniker sind etwas verwundert als ich alleine zurückkomme und haben aber gleich die Stopfbuchse nochmals nachgezogen, damit ich nicht jede halbe Stunde lenzen muß.

Am Mittwoch den 27. Juli 1983 fahre ich um 1200 rüber nach „Sv.Katharina" wo ich um 1220 den Anker setze und klar Schiff mache. Ich repariere den Haltegriff in der Mitte an der BB-Seite und montiere in wieder fest. Ich habe heute meine erste „Ankh" (Key of life) oder auf deutsch, „Schlüssel des Lebens" gemalt und gehißt, mit dem Gedanken in Zukunft unter dieser „Flagge" mein Leben zu verbringen. Nun man könnte mich einen Träumer nennen, aber ich habe es dann doch geschafft, obwohl mich viele für diesen Traum ausgelacht haben. Immerhin bin ich bis Dato fast 40 Jahre unter dem „Key of life" gesegelt und mehr als 60.000 Seemeilen zurückgelegt, immerhin wie zweimal um die Erde!

Am Donnerstag den 28. Juli 1983 gehe ich um den Gelsen in der Marina zu entfliehen wieder um 1150 ab in Richtung Süd und vor Murter durchquere ich um 1235 einen großen „Ölteppich" am Meer, der schon vorher Meilenweit zu riechen war. Beim „Kukuljari" habe ich nur mehr eine Sicht von einer halben Seemeile, es ist Nebel eingefallen. Um 1455 beim „Rt.Tijascica" fülle ich die Fettbuchse der welle wieder auf. Um 1700 lege ich nach 34 Sm wieder in Skradin an.

78

Die Erste „Ankh" Flagge gemalt und gehißt.

Am Freitag den 29. Juli 1983 Relativ spät auf und in Skradin noch einkaufen gegangen und klar Schiff gemacht und um 1130 lege ich ab und gehe die Krka runter. Als ich durch den „Sibenski Kanal" durch bin, nimmt Wind aus N mit 4 Bft etwas zu und beim „Kukuljari" um 1430 habe ich NNW Wind mit 4-5 Bft und starke Böen und die See ist ziemlich grob geworden. Ich bekomme die Wellen von der BB Seite und die See ist sicher schon 5-6 mit dem Seegang und bei jeder Welle tauche ich voll ein und spiele „Unterseeboot" und ich mußte dann wieder drei Kübel aus dem Achtereck raus tunken, klar Schiff von Skradin hat nicht viel genützt, da jetzt der ganze Dreck aus den Achterschapps raus geschwemmt wurde. Ich bin froh bei dieser See alleine zu sein, auch wenn ich das Steuer nicht mehr auslassen kann und höllisch auf die Wellen aufpassen muß. Aber in dieser See allein zu sein ist ein unbeschreiblich gutes Gefühl und ich genieße es wirklich, obwohl ich jetzt ganz auf mich alleine gestellt bin, und ich mich nur auf das Boot verlassen muß. Um 1650 legen ich nach 34 Sm wieder in der Marina in Biograd an, wo die Mechaniker gleich wieder die Gummischeuerleiste wieder montieren und raufschlagen müssen, sie wurde von den Wellen wieder voll abgerissen. Der Wind hat jetzt um die 5-6 Bft aus NW mit einem Seegang von 5-6 im „Zadarski Kanal" bei klarem Himmel und 1012 hPc.

In den Achterschapps kam viel Wasser rein und setzte meinen Proviant und Dosen unter Wasser. Unten versuche ich auch die Bugkoje wieder trocken zu bekommen.

7.Kapitel:

5.Törn mit „Elan" vom 31.7. bis 5.8.1983

In „Diklo" an der Mole mit Leopold

Am Sonntag der 31. Juli 1983 ist die Nacht total ruhig und warm, die See spiegelglatt kein Wind und klar mit 1013 hPc. Ich bin ja noch immer alleine und lege um 0040 ab mit guten feeling ab und ich sehe links vom „Großen Wagen" eine schöne lange Sternschnuppe. Um 0215 habe ich „Rt.Podvara" an STB, das Leuchtfeuer vor „Sukosan" wo ich später in der Marina die sie dort gebaut haben, lag und von dort meine Törns machte. Da die „Reserve" bei der Tankanzeige aufleuchtet, fülle ich, obwohl es sich ausgehen sollte nochmals 10 Liter Diesel ein. Um 0320 habe ich den Leuchtturm „Ostri Rat" kurz nach Zadar an STB und ich gehe in Richtung „Diklo" wo meine nächste Crew in einer Pension wohnt. Ich suche mir einen Platz vor dem Dorf an der Küste und setze um 0430 den Anker. Sichte wieder Sternschnuppe am östlichen Himmel und ich fülle noch, bevor ich in die Koje gehen 20 Liter Diesel ein und ziehe die Fettbuchse nach. Am Morgen fahre ich die Küste entlang und sehe Leopold an Land stehen und winken, ich war nur 500 m nördlich von ihrer Pension vor Anker gegangen, und ich lege nun fast genau vor ihrem Haus an der Mole an.

Um 1400 nehme ich die Fam. Oppolzer, Herbert und Frau Maria an Bord, und mit Leopold und seinem Sohn Wolfgang fahren wir nach Zadar zum tanken. Nachdem ich 48 Liter Diesel um 1.900.- Dinar getankt habe, fahren wir wieder nach „Diklo" zurück und legen um 1550 wieder vor der Pension an. Nachmittags haben Herbert und Leopold schon mal eingebunkert. Am Abend legen wir mit diesmal mit Fr. Jurik ohne Maria und Leopold aber mit Herbert und Wolfgang nach Zadar auf einen Trink und legen um 2050 ab und in Zadar um 2120 an und gehen auf einen Trink in ein Cafe. Um 2200 gehen wir nach „Diklo" zurück wo wir um 2230 nach 37 Sm anlegen. Wolfgang bleibt bei mir an Bord und schläft bei mir an Bord, wo es eine fürchterliche Nacht mit vielen Gelsen wird.

Am Montag den 1. August 1983 drehe ich um 0900 mit Leopold und Herbert eine Runde wo sie zu angeln versuchen, der Erfolg war eher mäßig und wir legen um 0930 wieder an der Mole vor „Diklo" an. Wir kommen dann, warum auch immer, erst mit Herbert und Leopold um 1725 von „Diklo" weg und ich gehen mit Kurs 135° bis zur „Zdrelac Enge" wo wir um 1850 den Anker setzen und ich hoffe, daß sich die

Crew akklimatisiert, speziell Herbert macht mir Sorgen, vor allem hat mir seine Frau Maria schon beim Wegfahren gesagt, bringen sie ihn mir nicht gleich wieder zurück, denn sie befürchtet schon einen Abbruch von Herbert.

Maria Oppolzer, Fr. Jurik, Erich, Leopold und Sohn Wolfgang

Am Dienstag den 2. August 1983 ist bereits das eingetreten was seine Frau Maria befürchtet hat, Herbert ist bereits am Morgen „krank" und es ist ihm schlecht. Nur kann er sicher nicht Seekrank sein, denn die Nacht war total ruhig und auch jetzt liegen wir mit fast keiner Bewegung in der Bucht. Ich gebe ihm Kamillentee aber er weigert sich etwas zu essen! Um 0930 fahren wir ab und Leopold hat im „Pasmanski Kanal" Erfolg und fängt ein paar Fische, Herbert zieht es vor krank in der Koje zu liegen. Wir legen um 1130 in der Marina in Biograd an und Leopold geht mit Herbert einkaufen und ich erledige die neue Crewliste. Wir gehen gemeinsam Mittagessen und bestellen jeder einen „Mix Grill" obwohl Herbert keinen Eindruck eines Kranken macht und somit auch was essen wollte, machte ich den Fehler und sagte ihm, daß er doch nicht krank sei, sonst würde ihm schon schlecht, wenn er eine „Speisekarte" sieht und sicher nichts essen will. Nun es war ein Fehler, denn nun war ihm sofort wieder schlecht und er wollte nichts mehr essen. Ich erklärte ihm, daß wenn er nicht ißt, ihm dann auf leeren Magen sicher schlecht wird, falls wir Seegang bekommen sollten. Nun er will nichts essen, somit haben Leopold kein Problem damit auch seine Portion mit zu verdrücken und uns dann noch einen Cafe zu gönnen.

Leopold und ich, verdrücken auch die Portion von Herbert

Um 1350 legen wir von Biograd ab, und dadurch das Herbert lieber sofort nach „Diklo" zurück will, und Leopold meinte, daß es keinen Sinn hatte in eine Bucht zu gehen und dann nachgibt, fahren wir mit Kurs 300° wieder die Küste entlang und legen an der Mole um 1520 nach 29 Sm vor der Pension wieder an. Maria hat sofort gerufen, daß ich ihn nicht wieder so schnell zurückbringen sollte, und sie meinte, sie hat es vorher gewußt, daß Herbert nicht an Bord bleiben wird. Jedenfalls habe ich so schnell niemand ausbunkern und das Boot verlassen sehen, um 1630 hat er bereits alle Sachen von Bord gebracht, und jetzt hatte er auch sofort wieder Appetit und er war nicht mehr krank, wollte aber auch nicht mehr an Bord zurück. Da Leopold aber Herbert nicht alleine lassen wollte blieb er auch in der Pension. Ich mache noch klar Schiff, denn nach der Angelaktion von Leopold stinkt es wie auf einen Fischmarkt. Die See ist um 2200 relativ unruhig und hoffe es wir nicht stärker, denn seit zwei Tagen tut mir meine linke Schulter weh, hoffe nichts Ernstes.

Herbert am Steuer hier noch lustig, bevor er „krank" wurde

Leopold hatte teilweise Angelerfolg

Am Mittwoch den 3. August 1983 fahre ich mal um 1355 nach Zadar alleine tanken und hole 32 Liter Diesel um 1.300 Dinar. Da ich sehe, daß der Wind nachgelassen hat, fahre ich nochmals nach „Diklo" zurück und legen um 1520 an der Mole an. Nach einem Gespräch mit der Familie können wir nun Herbert doch noch überreden wieder an Bord zu gehen, und wir legen mit Herbert, Leopold und Wolfgang um 1625 ab und fahren bis zur „Zdrelac Enge" wo wir um 1800 den Anker setzen und bis auf Herbert alle schwimmen gehen, ich natürlich nackt was Herbert sehr verwundert. Vor allem da auf den Nachbarbooten auch alle, auch die Frauen nackt baden gehen, was Herbert und Leopold von unter Deck durch die Luken beobachten. „Ein Schelm wer Böses dabei denkt!"

Wir haben uns Cafe gekocht und es kommt dann leider ein Gewitter mit starker Bora auf und mir geht zweimal der Anker mit dem böigen Wind und somit gehe ich um 1900 wieder zurück in Richtung „Diklo" und wir haben ziemlich grobe See im „Zadarski Kanal" und mich wundert, daß Herbert noch relativ lustig ist, aber weil Leopold sehr lustig ist und keinerlei Angst zeigt, kommt bei Herbert so was ähnliches wie „Galgenhumor" auf, denke ich jedenfalls, denn wir werden ganz schön geschaukelt und der Kühlschrank fällt wieder einmal um, denn sie mir ja nur unter den Tisch gestellt haben, ohne das er irgendwie fixiert wurde, nur da er im Prospekt stand, habe ich auch einen verlangt, aber vorgesehen war er so auf der „Elan" sicher nicht.

Da lagen noch Wracks auf der N-Seite der „Zdrelac" Bucht

Wir kommen um 2030 in „Diklo" an und ich hänge mich mit dem Heck auf die Boje und Landefeste über den Bug an die Mole. Leopold wäscht sogar noch das Geschirr ab und Herbert hilft mit abtrocknen und will dann auf einmal fürchterlich schnell das Boot verlassen. Da er nicht wartet und natürlich in der Hektik beim rüber steigen an die Mole, weil er nicht gewartet hat, bis ich das Boot näher gezogen habe, auf der Kante der Mole die Schienbeine aufgekratzt, was ihm den Rest gab. Es sah relativ schlimm aus und er hat sich auch die linke Hand verstaucht oder gezerrt, was natürlich schmerzhaft ist. Er kam dann später mit einem Verband an den Beinen aus dem Haus, der ungefähr so groß war, wie wenn er auf eine „Tretmine" gestiegen wäre, und ich konnte mir das Lachen nicht verbeißen. Nach dem Abendessen wo Herbert nichts mehr ißt und schlafen geht. Mache ich noch alleine eine Nachtfahrt und gehe um 2205 von „Diklo" nachdem ich mich verabschiedet habe, ab. Achteraus sehe ich wieder eine schöne Sternschnuppe und ich gehe sogar nach Zadar rein, finde aber keinen Platz und in der Marina will ich sicher nicht alleine die Gebühr bezahlen, deshalb fahre ich weiter. Die See ist noch etwas grob und rundherum sind Gewitter zum Sehen, somit gehe ich, bevor ich ein zweites Mal naß werde lieber in die Zdrelac Enge wo ich mich nach 32 Sm um 2350 vor zwei Anker lege und hoffe, daß sie besser halten als am Nachmittag.

Am Donnerstag den 4. August 1983, der Anker hat gut gehalten und die Gewitter sind doch nicht gekommen, Es ist sehr frisch am Morgen aber klares Wetter. Ich gehe um 1205 ab von der „Zdrelac Enge" und in die Marina Biograd zurück, wo ich nach 11 Sm um 1345 anlege. Ich werde von den Mechanikern noch zu Käse und Wein eingeladen und ziehe dann mit „Vinco" noch durch Zadar. Ich schaue auch nochmals bei „Diklo" vorbei, aber es ist niemand da. Es wird sehr späte bis ich an Bord zurück komme, „Vinco" hat mich überall eingeladen und bezahlt. Es bricht die letzte Nacht an Bord an und ich bin nach diesen acht Wochen nun doch in einer sehr melancholischen Stimmung. Am Freitag den 5. August 1983 gehe ich um 1015 ab von Biograd und lege mich am Süd Ende von der Insel „Pasman" in die nach Süden offene Bucht „Triluke" um 1055 vor Anker. Ich mache klar Schiff und suche alles zusammen zum ausbunkern. Da ein starker Schwell aufkommt, gehe ich um 1450 wieder zurück nach Biograd. Eine halbe Seemeile vor Biograd haben vier Jungs etwas Schwierigkeiten mit ihrem Schlauchboot und ich schleppe sie bis zur Marina, also zum Abschied konnte ich noch eine „Rettungsaktion" machen und ich lege nach 10 Sm um1530 das letzte Mal in der Marina Biograd an und warte auf das auschecken, und mache die letzte Eintragung ins Logbuch, bei Wind von SW mit 3 Bft und einem Seegang im Pasmanski Kanal von 3 Stärken bei klarem Himmel und 1012 hPc.

In diesen acht Wochen habe ich zwischen „Susak" und „Dubrovnik"
mit der „Elan" 1286 Seemeilen zurück gelegt.

8.Kapitel
Unter dem Key of life mit „Antn" 1983

Motorsegler MÖN 27 „Antn"

Daten Motosegler MÖN 27
Länge ü.a: 8 m
Länge WL: 7,55 m
Höhe über WL: 1,90 m
Masthöhe: 9,5 m
Breite: 2,50 m
Tiefgang: 1,30 m
Segelfläche am Wind: 29,5 m²
Verdrängung: 3.500 kg
Motor: BUKH Diesel 36 PS
Takelung: Sloop BJ: 1983 Material: GFK
Wasser: 100 Liter - Diesel: 110 Liter
Heimathafen: Wien
Logbuch: Sonntag 18. 9. 1983 bis Samstag 15. 10. 1983
Beiboot: Tabur Sportyak 2,5 m

Start mit „Antn" in Opatija

Es ist Sonntag der 18. September 1983 und ein schöner Tag in „Opatija" (Abbazia) im nördlichen Ende von der „Rijeka Bucht" und ich habe mit Werner, genannt „Waschi", ein Freund und sogar Kunde, der ein „Animierlokal" in Linz hat und ich für ihn sogar „Kinowerbung" gemacht habe, und er auch als „Poker" Spieler bei „Umberto" im „Mozart Stüberl" viele Nächte am Pokertisch mit mir verbracht hat. Um 0800 bereits eingebunkert und um 1100 kommen Renate und Fritz an und bunkern auch gleich ein. Fritz ist auch ein Kunde von mir gewesen, der in Hietzing ein „Teppich und Bodenbeläge" Geschäft hatte und ich in der Bezirkszeitung für ihn Werbung machte und er dann später als Freund zu mir auch aufs Boot kam, und 1982 schon mit Motorboot unterwegs war, allerdings mit einer anderen Freundin. Um 1300 kommt der Eigner „Hr. Perkonig" von dem ich die „Antn" gechartert habe an Bord und es werden noch Motoröl und Ölfilter gewechselt. Ich übernehme das Boot mit kleinen Reparaturen, bei Segelcheck und das Dampferlicht hängt nur mehr am Kabel und der Stecker ist abgeschnitten. Beim Testlauf des Eigners, kommt ihm die Muring in den Propeller und wickelt sich achtmal herum. Herr Perkonig gibt mir kostenlos den Autopiloten mit, für den man bei Charterfirmen zu dieser

Zeit noch extra bezahlen mußte, deshalb gehe ich freiwillig in das nicht gerade reine Wasser der Marina und tauche unter das Boot, nach ein paar Versuchen bekomme ich die Muring von der Welle und wir sind wieder frei. Wir befestigen noch eine neue Scharniere über die Abdeckung vom Gaskocher, da die alte gebrochen ist und ich übernehme mit „Handschlag" das Boot von ihm. Ich kann leider am Nachmittag nicht mehr einklarieren und habe somit keine Crewliste, weil der Hafenkapitän nicht mehr da ist und wir müssen nun über Nacht in der Marina liegenbleiben. Wir gehen Essen und dann vergißt meine Crew im Restaurant meine Seekarten und der Ober hat sie mitgenommen, er kommt aber erst morgen mittag wieder zum Dienst.

Der Autopilot machte gleich am Anfang etwas Probleme

92

Um 1220 teste ich gleich mal den Autopiloten und lasse ihm den Kurs halten. Um 1600 setze ich das Groß als Stützsegel, da Renate etwas die Nerven verliert, es ist ihr das Geschaukel und Krängung nicht ganz geheuer, ich hoffe, daß sie ihr Vertrauen in mich und das Boot bekommen wird und keine Angst hat. Die Navigationslichter funktionieren nicht, die Sicherung ist kaputt. Ich habe sie zwar mal provisorisch repariert, nur fällt sie sofort wieder, wenn ich das Mastlicht einschalte obwohl gar nichts auf der Anschlußdose hängt, da je der Stecker abgeschnitten ist? Werde Morgen den Fehler suchen. Fritz hat mir eine von seinen Pfeifen geschenkt, aber ob ich wirklich zum Pfeifenraucher werde ist nicht sicher, aber sicher rauche ich zu viel an Zigaretten.

Es wurde schon Dienstag der 20. September 1983 als ich um 0130 in die Koje gehen. Die Nacht blieb ruhig und der Anker hat gut gehalten und wir können gerade noch schwimmen, aber die Wassertemperatur könnte noch wärmer sein. Um 049 gehen wir ab nach „Mali Losinj" wo ich um 1200 an der Mole von meinem Freund und Hafenkapitän „Sladko" festmache und meine „Geschäfte" mit ihm erledige und wir wieder „Duty free" einkaufen gehen.

93

Werner „Waschi“ und Tina bereiten Cafe zu

Dann gehen wir in den Hafen wo wir um 1250 längsseits festmachen und essen gehen. Bei meinen Freund „Enzo“ vom Cafe Treff trinken wir Cafe und ich habe ihm „Tropfen“ aus Österreich mitgebracht und nach Geld wechseln sind wir essen und ich muß mich dann bei „Johann“ in das Gästebuch vom Restaurant eintragen und er gibt mir noch drei Plakate von „Mali Losinj“ mit und muß ihm versprechen, ein paar Leuten Grüße aus zu richten. Die Crew geht einkaufen und ich muß die Gummi Scheuerleiste von der MÖN wieder raufklopfen, die sich bei den starken Wellen losgelöst hat, was mich an die Zeiten vom Motorboot und der „Elan“ erinnert. Im Hafen fällt dann bei einer Welle von vorbeifahrendem Boot, daß heiße Kaffeewasser runter, aber zum Glück wurde dabei niemand verbrüht.

Am Mittwoch den 21. September 1983 kommt dann nach Mitternacht relativ starker Schwell von Süd auf und wir liegen nicht besonders gut im Paket. Ich wecke die Crew und wir legen uns auf die N Seite der Mole wo es ruhiger ist und wir besser liegen, die Crew ist beim Manöver gut und kurz darauf folgen auch alle andere Boote nach und legen sich auf die N Seite der Mole und alle helfen zusammen. Um 1015 legen wir ab, wir haben leichten NE mit 2 Bft und nach „Ilovik" lasse ich die Fock anschlagen und das Groß hissen und wir fahren „Blatt vor dem Wind" oder wie man auch sagt „Schmetterling". Der Wind ist zu leicht und Böig und wir schaukeln zu sehr und ich sehe wieder das Unbehagen von Renate und wir geben Segel wieder runter und Motoren weiter mit einem Kurs von 10° in Richtung Kornaten.

Blatt vor dem Wind, wo sich leider „Renate" nicht wohl fühlt.

Ich hoffe, daß sich die innere Angst und Unsicherheit von Renate bald legt und etwas vertrauen in das Boot bekommt. Um 1255 gehen wir zwischen „Ist" und „Skarda" durch und gehen auf Sicht weiter in Richtung „Dugi Otok" wo wir dann in die „U.Pantera" rein gehen und um 1435 an der Mole vom Leuchtturmwärter des „Veli Rat" anlegen, wo zwar steht: „Anlegen verboten" ich aber „Svonimir" der Leuchtturmwärter schon gut kenne und er ein Freund von mir ist. Die Crew ist beim Anlegemanöver schon perfekt und ich stelle fest, daß der

95

Schraubeneffekt beim rückwärts fahren sehr stark nach STB versetzt, aber kein Problem und wir legen gut röm.-kath. an der Mole an. Werner wird leicht nervös, weil er sein gebunkertes Brot nicht findet aber angeln will, was er nach dem essen auch tut.

An der Mole vom Leuchtturm „Veli Rat" in der „U.Pantera"

Ich muß sagen, ich habe noch nie einen hektischeren Angler als „Waschi" gesehen, aber er schafft es sogar sieben kleine Fische zu fangen, die ich ausnehme und wir dann verkosten. Mit Fritz und Renate mache ich Spaziergang zur West Seite und zum Leuchtturm rüber, wo ich viele Aufnahmen mache.

Fritz fühlt sich relativ wohl

Der Leuchtturm „Veli Rat", er wurde im Jahr 1849 gebaut und ist 42 Meter hoch und heute der höchste Leuchtturm an der Adria. Er verdankt seine eindrucksvolle Erscheinung seiner gelben Fassade, für die, nach mündlicher Überlieferung, 100 000 Eigelb verwendet wurden, so steht es jetzt in der Werbung für 2022 in Kroatien über den „Veli Rat" der jetzt schon, Touristisch genutzt wird und die im Hof des Leuchtturms befindliche Kapelle des Hl. Nikolaus, ein Ort wurde der mehr und mehr für Organisierung von romantischen Hochzeiten gefragt wird, wobei der Leuchtturm auch Apartments im Angebot hat. Allerdings, waren meine Berichte von den Einheimischen und in alten „Adria Führern" etwas anders, denn dort stand drinnen, daß die damals 200.000 EIKLAR für den Verputz verwendet, haben, was eigentlich

97

mehr Sinn ergibt um sie als Bindemittel zu verwenden, als das Eigelb. Vor allem nachdem ich ja 35 Jahre in der Adria gefahren bin, der „Veli Rat" nie gelblich ausgesehen hat. Mit vielen Crews hatte ich Diskussionen, was die wohl mit den Eidottern getan haben?

Es ist bereits Donnerstag der 22. September 1983 und ich höre seit drei Stunden Musik bei guten feeling. Die ganze Crew schläft bereits und sonderbarer Weise, dachte ich da schon mal daran über dieses „feeling" zu schreiben, aber wer selber mit Booten fährt, fühlt vielleicht dasselbe und versteht was ich meine.

„The life is moments, and this is one"
„Das Leben besteht aus Augenblicken, und das ist einer davon"

Um 1030 legen wir von der Mole ab, kein Wind und See ruhig bei Viertel Bewölkung und 1029 hPc fahren wir um 1115 in den „Tunski Kanal" ein, der zwischen der Insel „Tun" und „Zverinak" liegt mit Kurs 125° durch die Inselgruppe von den Kornaten und „Ugljan". Um 1410 gehen wir unter der Brücke von „Ugljan" und „Pasman" durch gehen bis „Biograd" wo wir um 1620 in der Marina anlegen. Ich treffe meine beiden Mechaniker Freunde „Vinco" und „Krescho" und gebe ihnen die Musikkassetten die ich für sie aufgenommen habe, was ich versprochen hatte, als ich im Frühjahr von hier mit dem Motorboot, einer „Elan" für zwei Monate weg gefahren bin. (nach zu lesen im Buch: „Beginn mit Motorboote") Werner kauft sich in Biograd eine Angelrute und Rolle, damit er nun „profimäßig" angeln kann. Da eine total ruhige, klare und wunderschöne Nacht ist, kein Wind und ruhige See, entschließe ich mich eine Nachtfahrt zu machen. Wir legen um 2145 ab und ich gehe mit Kurs 143° in Richtung SE und ich fahre unter Autopiloten, der natürlich sehr angenehm ist, aber total sollte man sich auf ihn trotzdem nicht verlassen. Die Crew geht aber bereits um 2330 in die Kojen und ich bin alleine auf Wache.

Am Freitag den 23. September 1983 liege ich mit Kopfhörer am Bug und höre das Soloalbum vom „Pink Floyd" Keyboarder „Richard Wright" die LP „Méditerranée" und genieße die ruhige See und das gute feeling und habe kurz nach Mitternacht um 0005 das Leuchtfeuer

„Kukuljari" eine ¼ Seemeile an STB Dwars und laufe Kurs von 121°
weiter. Ich habe heute bereits 41 Sm hinter uns gebracht und ich sichte
im NE wunderschöne Sternschnuppe.

Um 0155 gehe ich in den „Sibenski Kanal" rein und habe
„Rt.Jadrija" an BB und fahre auf Sicht durch den Hafen von „Sibenik"
und sehe schon in der Ferne die Brücke von Sibenik die nun voll
beleuchtet ist, was im August noch nicht der Fall war. Bei totenstille
fahre ich die „Krka" hinauf und es sind sogar alle Leuchtfeuer im
Betrieb, nur bei dieser mondhellen Nacht, würde ich ohne Probleme
auch ohne Leuchtfeuer den Fluß rauffahren können. Als ich kurz vor
„Skradin" bin wacht Werner „Waschi" auf und kommt an Deck, und als
ich vor der Marina den Motor droßle, kommt auch Fritz aus der Koje,
soweit kann ich mich auf die Beiden verlassen. Um 0350 machen wir im
Hafen auf einer Boje mit langer Leine auf Slipp und zwei
Hecklandfesten fest. Manöver ist gut gewesen und wir gehen mal alle
wieder in die Kojen. Unter Tags fahren wir raus in eine Bucht zum
Baden, in der nördlichen Bucht von „Skradin" sind aber viele
Schlangen, was die Crew sehr beunruhigt, aber mich beunruhigt mehr,
daß das Schlauchboot undicht ist, hoffe ich kann es reparieren, denn
sonst müßte ich es bezahlen, es dürften die Steine am Ufer zu scharf

gewesen sein als die Crew an Land ging. Werner verliert den Bügel von seiner Ankerrolle und ich kann ihn auch nicht rauftauchen, denn das Wasser ist viel zu trüb. Am Abend kann ich aber für „Waschi" einen Bügle aus Draht biegen und ihn sogar härten. Am Abend sind wir bei „Mate" im Weinkeller auf einen Umtrunk und mehr oder minder, „leicht" betrunken. Fritz und Werner gehen schon früher schlafen, aber Renate hält mit mir noch etwas durch und wir gehen erst um 2300 in die Kojen.

Der Teil der „Krka" oberhalb von „Skradin" zu den Wasserfällen

Am Samstag den 24. September 1983 fahren wir mit Boot von Mate, zu den Wasserfällen rauf damit meine Crew sie besichtigen kann. Werner kauft für seine Freundin zwei Stolas um 1.000 Dinar ein, günstig da ja doch jetzt schon die Nachsaison ist. Wir gehen weiter in Richtung „Zirje" und haben um 1810 das Feuer „Rt.Sir" an STB, daß am Südende der Insel „Zmajan" liegt und ich steuere auf Sicht in die „U.Stupica" auf „Zirje" wo wir nach 19 Sm um 1920 den Anker setzten, sogar zweimal, da ich in den Nord Teil der Bucht gehe, wo es ruhiger ist. „Waschi" regt sich auf, weil wir an keiner Mole liegen wo er besser angeln kann.

Tina und Skipper Erich beim Landausflug

Die Crew schläft schon seit 2,5 Stunden als ich nach Mitternacht auch in die Koje gehe. Am Sonntag den 25. September 1983 bleiben wir mal in der Bucht liegen, aber zu Mittag lege ich mich längsseits an die Mole von „Tomislav" der hier nun versucht mit einem Restaurant die Touristen zu versorgen.

Die Illyrische Festung auf Zirje und im Hintergrund die „U.Stupica"

Nachmittags gehe ich mit Renate und Fritz zu der Illyrischen Festung hinauf, wo ich sehr viele Fotos mache. Es gibt hier einen 80 m tiefen Brunnen wo angeblich 182 Soldaten hinein geworfen wurden. Als wir wieder an Bord kommen, hat Werner sogar 20 kleine Fische gefangen, diesmal nimmt sie Renate aus und bereitet sie zu. Da Bora gemeldet wurde und Wind zunimmt, setze ich um 2100 den Anker mit zwei Landfesten und somit der Schwell leichter als längsseits an der Mole. Hoffe, daß der Anker hält, der Grund ist hier relativ gut, in der Buchtmitte ist viel Seegras. Ich habe unser Beiboot mit zwei Komponenten Kleber geklebt und hoffe, daß es dicht bleibt. Fritz hat unser Beiboot nach Lee gehängt, da es die Böen fast an Deck geworfen hätten. Die Crew ist bereits in den Kojen, und ich habe heute eindeutig zu viel gutes „feeling" gehabt und fast zwei Filme aus fotografiert und viel mit Filter experimentiert.

Die Bora hat auch am Montagmorgen den 26. September 1983 weiter angehalten, die ganze Nacht durchgeblasen und die Strömung in der Bucht war so stark, daß unsere Logge um sechs Seemeilen weiter gezählt hat, obwohl wir nur auf der Mole vor Anker lagen!

Mit Filter viele Fotos gemacht, bei guten „feeling", zu viele!

Wir gehen um 1030 ab und setzen kurz nach „Zirje" die Segel, die Bora bläst auch zwischen den Inseln und sogar im Lee von der „Kornati" ziemlich heftig und wir „schieben" in den Böen relativ viel „Lage" worauf Renate Panik bekommt, und wirklich fast „durchdreht" worauf ich, um sie zu beruhigen nach nicht mal zwei Seemeilen die Segel berge und wieder auf die Maschine drücke.

Bei „Tomislav" an der Mole in der „U.Stupica" auf „Zirje"

Werner ist davon allerdings nicht sehr begeistert, er ist ja das Erste Mal auf einem Segler und wollte auch segeln, und ist eher sehr unmutig über Renate und der Situation. Um 1700 gehen wir weiter, weil wir eigentlich in der „Katina" im Restaurant essen gehen wollen, wo wir dann um 1830 röm.kat. anlegen. Neben uns liegt eine „Dufour" mit acht Wiener an Bord mit denen wir zum Plaudern anfangen und wir ihnen mit etwas Brot aushelfen, denn durch die Bora kamen sie im Restaurant nicht zum Einkaufen und somit gibt es dort heute auch kein Essen.

Wir sitzen dann bei ihnen auf der „Shogun" und mit singen und plaudern und viel trinken noch lange zusammen und ich erfahre was sie gemacht haben und wie sie überhaupt in die „Katina" gekommen sind, was mich ehrlich gesagt, etwas „schockiert" hat.

Die Aufnahmen von einer „Polaroid" Kamera habe ich bekommen und leider sind sie in einer fürchterlichen Qualität geworden. Wir liegen in der „Katina" und als Nachbarn die „Shogun" mit den acht Wienern.

Sie wollten eigentlich von Zadar in Richtung Biograd fahren, aber fuhren einen angelegten Kurs vom „Skipper" Herbert von 292° fast genau in die gegen Richtung, wo sie natürlich dann kein einziges Leuchtfeuer in den Karten fanden, das nur ungefähr dort war wo es sein sollte, da sie ja in der Umgebung von Biograd suchten, die ja eher südlich eingezeichnet waren.

Links Herbert, und Gustav, der dann später mein Partner mit der „Key of life" wurde in Zadar. Leider wieder schlechtes Polaroid Foto

Mir ist dieser Kurs bis heute, trotz dem ich später dann wußte, daß Herbert das Küstenpatent nur gekauft hatte, aber sicher bei keiner Prüfung durchgekommen wäre, aber meiner Meinung von ihm völlig unverantwortlich von ihm ist, sieben Leute auf einem Charterboot einer Gefahr auszusetzen die jemanden das Leben kosten könnte, die ihm aber vertrauten da sonst auch niemand vom Segeln oder Seemannschaft eine Ahnung hatte. Man kann sich, wenn man ein unfähiger Skipper ist, am Kursdreieck verlesen und aus Versehen den gegen Kurs angeben, was in diesem Fall aber 112° wären und durch das Festland in Richtung Velebit Gebirge führen würde.

Nun dürften sie mit dem NW Kurs irgendwie die Durchfahrt zwischen der Insel Molat und Sestrunj genommen haben und in Richtung „Dugi Otok" das offene Meer angesteuert haben, aber vorher noch versucht sich an einer Leuchttonne festzumachen, wobei da mal der Bootshaken verlorenging, und sie ein einheimischer Fischer von der Boje verjagte und sie dann anscheinend außerhalb der Dugi Otok der Insel entlang einen SE Kurs am Veli Rat vorbei nahmen, wo angeblich die Bora so stark war, das sie versuchten das Segel einzuholen wobei bei einem Crewmitglied sein Uhrband riß und er somit in einer Hand seine Uhr hielt, in der anderen Hand die Winsch Kurbel, nun als sie die versuchten die Schotleine dicht zu holen, hat sich ein Fuß vom Hans in der Leine verhängt und sie zogen ihn so über das Deck zum Bug, worauf sich Hans nun festhalten wollte und dabei nicht seine Uhr loslassen wollte und somit die Winsch Kurbel über Bord ging, aber Hans zum Glück an Bord blieb.

Angeblich war der Wellengang so stark, daß eigentlich alle von der Crew schon mit „Neptun sprachen"[2]. Nur mehr Erich war fähig am Ruder zu stehen und zu steuern, allerdings wußte auch er nicht wirklich, wie und was er zu tun hatte um die Yacht in den Wellen halbwegs ruhig zu halten, und versuchte nur die Richtung zu halten, wenn einer von der Crew zwischen dem „übergeben" über das Deck spie und schrie: „Fahr mit den Wellen"! Wieso bei ihnen, eigentlich im Schutz von der Insel „Dugi Otok" die ja 42 km lang ist, also nicht umsonst „Dugi Otok" (lange Insel) heißt, nicht ein starker Wellengang sein dürfte, was den Wind betrifft, ich bin mit der „MÖN 27" einem wesentlich kleineren Boot und nicht so segelfähig wie eine „Dufour" ja innen wo es auch relativ starke Böen gab, aber dafür gegen den Wind gefahren, und daß ohne Probleme, wobei sie aber den Wind super zum Segeln mit ihnen hatten. Jedenfalls, dürfte Dank der „Seemannschaft" an Bord, ihr Dingi so schlecht belegt worden sein, denn es ist abgerissen und abgetrieben und da ja angeblich der Wind und Wellen so „stark" war, haben sie sich

---

[2] Mit „Neptun" sprechen, netter Ausdruck für sich übergeben!

mit einer hochseetüchtigen Segelyacht nicht mehr umdrehen getraut um das Dingi wieder einzufangen, und somit das Dingi auch noch bezahlen können, da es die Charterfirmen natürlich bei der Rückgabe von der Kaution abziehen.

Was nun Wind und Wellen betrifft, sagt einiges aus, als sie dann beim Leuchtturm „Sestrice" ein kleines Fischerboot trafen, wo der einheimische Fischer draußen war und von seinem Boot mit einer Grundangel fischte, also der Seegang und Wind nicht so stark sein konnte wie sie erzählten. Jedenfalls kommt es hier zu einer, was man auch als „Semmelnavigation" bezeichnet, wenn ein Skipper einen Hafen anläuft, aber nicht weiß wo er eigentlich ist, einen von der Crew zum Bäcker um Semmeln schickt, um dann am Sackerl zu sehen wie der Ort heißt! Jedenfalls fuhren sie ein paarmal um den Fischer herum, der etwas deutsch verstand und fragten wo sie sind, und nachdem sie ihm einen Kilo Cafe übergaben, hat sie der dann durch die Einfahrt zur Insel Katina und zu dem Restaurant gelotst wo sie an der Mole festgemacht haben, und wir sie dann trafen. Also in früheren Zeiten hätten sie diesen „Skipper" sicher auf der „Rah" aufgehängt, wenn er seine Mannschaft so gefährdet hätte, aber sicher hätten sie ihn über Bord geworfen, wenn schon nicht „Kiel geholt".

Wir hatten ja auch ein paar Probleme bei der Fahrt durch die Kornaten, denn da habe ich, gegen jede „Seemannschaft" noch unser sehr leichtes Beiboot hinten nachgezogen, was ich später nicht mehr machte. Jedenfalls hat eine starke Böe das Beiboot in die Höhe geworfen und dabei unseren „Flaggenstock" abgebrochen, den ich dann um 10 cm verkürzen mußte. Jedenfalls gehen Fritz und Werner um Mitternacht schlafen, währen ich mit Renate noch bis Dienstag 0200 geplaudert habe.

Am Dienstag den 27. September 1983 kam Herbert zu uns an Bord und ich versuchte ihm den Kurs durch die „Vela Proversa" Durchfahrt zu erklären, wo noch zwei alte Steinkegel aus der Römerzeit stehen die man in Deckpeilung halten muß, um in der Fahrtrinne zu sein, da links und rechts das Wasser zu seicht für ein Segelboot ist, und auch in der Mitte hat es nur eine Tiefe um die 2,5 m je nach Tide.

Die Bora bläst auch zwischen den Inseln noch sehr stark in Böen

Als ich sah, wie er mit den Kursdreiecken hantierte, wußte ich, es kann nicht gut gehen, vor allem dann noch die Durchfahrt unter der Brücke zwischen „Pasman" und „Ugljan" und durch die „Zdrelac Enge", er begriff meine Erklärung nicht so richtig, leider haben wir später dann festgestellt, es waren anscheinend die ersten Anzeichen von Demenz. Jedenfalls war seine Crew erfreut, als ich vorschlug voraus zu fahren und sie nach „Zadar" zu lotsen, was wir auch taten.

Die „Shogun" fährt im Konvoi hinter uns nach Zadar

Wir legen um 0920 ab und fahren durch die „Mali Proversa" in Richtung Festland. Um 1040 fahren wir bereits unter der Brücke, die „Pasman" mit „Uglanj" verbindet durch und um 1210 machen wir in der Marina Zadar fest, wo wir auch gleich Wasser bunkern können. Nachdem wir uns verabschiedet haben und die Daten ausgetauscht, muß ich es Herbert wenigstens lassen, er hat den Kontakt zu mir aufrecht gehalten und wir haben uns in Wien getroffen und mit Erich und Gustav die später meine „Partner" wurden und wir den „Segelclub-Ankh" 1984 gegründet habe und meine Erste „Key of life" in „Lignano" gekauft haben, aber über die kann man im den fünf Teilen von der „Key of life" von 1985 bis 1990 nachlesen, die Details und Infos sind am Ende des Buches.

Um 1520 gehen wir mit Kurs 292° von „Zadar" ab und es ist wieder fast kein Wind und wir haben um 1658 das „Plic Sajda" an STB Dwars und gehen auf Sicht zwischen „Sestrunj" und Molat durch in Richtung „Dugi Otok". Als ich dann Südöstlich vom Feuer „Golac" zwischen der kleinen Insel „Brscak" durchgehe, habe ich eine Grundberührung, es rumst ganz schön und mir unverständlich, in der

Seekarte ist eine Wassertiefe von 6 m verzeichnet, aber nach einer Kontrolle ist mal weiter nichts passiert und wir gehen weiter bis in die „U.Pantera" wo wir um 1900 an der Mole vom Leuchtturmwärter röm.kat. anlegen. Nach dem Anlegemanöver habe ich einen Streit mit Fritz, da es schon dunkel beim Anlegemanöver war und er nicht verstand, warum ich den Anker lieber weiter nördlich setzen wollte, aber nicht genau sah weil mich das Dampferlicht geblendet hat und ich nochmals den Anker setzte. Nur will ich falls Wind aufkommt, nicht gegen die Mole gedrückt werden. Fritz versteht nicht wieso ich den Anker so setzen wollte, aber er wird es vielleicht verstehen, wenn er selber Skipper ist, was eben nicht immer leicht ist. Hoffe doch, daß die Stimmung wieder gut wird, würde wegen dieser Kleinigkeit nicht eine frostige Stimmung an Bord haben wollen.

Sonnenuntergang in der „U.Pantera" beim „Veli Rat"

Am Mittwoch den 28. September 1983 bin ich am Morgen unter das Boot getaucht, zum Glück nur ein kleines ca. 10 cm langes und einen cm tiefer Cut vorne am Bug, also nicht wirklich ein relevanter Schaden. Da wesentlich größere Probleme mit ein paar Reparaturen verursachen denke kann ich die Grundberührung vergessen.

111

Ich habe die Deckenverkleidung abgenommen und ein neues Kabel eingezogen, denn das alte Kabel wurde von einer Schraube durchbohrt und hat deshalb immer kurzgeschlossen! Nachdem ich dann die Steckdose und Steckdose an Deck wieder montiert habe und die Sicherung gewechselt habe, funktioniert das Licht wieder. Wieder alle montiert und Leiste und Tisch angeschraubt und klar Schiff gemacht.

Ich habe neues Kabel eingezogen, Dampferlicht funktioniert wieder

Um 1525 legen wir ab und gehen mit Kurs 325° in Richtung NW und es ist kein Wind und ruhige See und wir haben um 1713 die Durchfahrt zwischen „Skarda" und „Ist" in Deckpeilung und um 1940 „Ilovik" und „Sv.Petar" in Deckpeilung und ich laufe auf Sicht weiter „Losinj" entlang, wo wir dann nach 31 Sm um 2150 im Hafen röm.kat. anlegen. Wir holen noch von „Enzo" eine Flasche Sekt und plaudern bis Donnerstag den 29. September 1983. Am Freitag der 30. September 1983 ist wieder total ruhig aber volle Bewölkung bei 1029 hPc und ich lasse Fritz und Werner in der Bucht ein paar Manöver fahren und um 1040 gehen wir mit Kurs 356° nach Norden. Um 1320 habe ich kurz vor der Fähre von „Brestova" nach „Cres" an STB Dwars „Rt.Prestenice" und lege Kurs mit 008° nach „Optija" an.

Mit wenig Wind die „Antn" unter Segel in der Bucht „U.Miracine"
fotografiert, und Werner und Fritz ein paar Manöver fahren lassen, was
sie gar nicht so schlecht gemacht haben.

Um 1535 legen wir bereits nach 22 Sm in der „Marina Opatija" an. Fritz kann sein Auto nicht starten, die Batterie ist leer, nachdem mich die Crew zum Essen eingeladen hat, gebe ich Fritz mal Starthilfe und Werner hat mir den Rest seiner Verpflegung und Cafe dagelassen, was ich sehr nett finde und dann fahren sie alle ab in Richtung Österreich. Ich habe Fritz noch sechs Filme zum Entwickeln mitgegeben. Nachdem ich die Seemeilen nach der Karte ausgerechnet habe, hat der Log um ca. 17 Seemeilen zu wenig angezeigt, was aber mit den Strömungen nicht verwunderlich ist, wir habe somit mal 295 Seemeilen in den zwei Wochen zurückgelegt. Es gibt am Nachmittag ein paar Regenschauer aber um 2100 ist es klargeworden bei 1028 hPc. An sich waren der Törn und die Crew ganz OK.

Wir liegen bei „Sladko" an der Mole und bunkern „Duty free"

114

9.Kapitel:
Die zweite Crew kommt an Bord

Am Samstag den 1. Oktober 1983 ist es am Morgen wieder klar und ruhig und ich mache Check von Motor und bunkere Wasser. Mache klar Schiff und versuche für den Kocher „Spiritus" zu bekommen, leider ohne Erfolg, dafür besorge ich Kabel und zerlege meinen Radio und schließe ihn an das Bordsystem an. Um 1400 kommt die Crew an, eine alte Freundin von mir, Wenche und mein Freund Karl aus OÖ mit seiner Frau Renate. Natürlich ist der Hafenkapitän nicht mehr da und ich kann nicht mehr einklarieren, somit müssen wir in der Marina bleiben, und in der Nacht haben wir starken Schwell. Wir haben alles eingebunkert und am Abend mit gutem feeling an Bord gefeiert und in der Nacht auch wieder nur kalt duschen können, auch in der ACI nobel Marina gibt es kein heißes Wasser, aber dafür teure Preise.

Am Sonntag den 2. Oktober 1983 bereits um 0700 bei einem schlecht aufgelegten Hafenkapitän einklariert, aber dafür in fünf Minuten fertig gewesen. Wir haben NE mit 2 Bft und fast voll bewölkt bei 1042 hPc was ich immer noch nicht glaube und das Barometer eher justiert gehört. Wir gehen um 0800 mit einem Kurs von 188° in Richtung Süd und zum Auftakt streikt mal der Autopilot, dann die Erste große „Lage" unter Segel bei raumschot Kurs und dann Blatt vor dem Wind wo wir zwei Wenden und eine Halse machen, dabei eine „Patenthalse" wobei die BB-Stütze der Plane abreißt, die ich aber sofort wieder reparieren kann.

Wir gehen am Montag den 3. Oktober 1983 um 0910 von „Unije" ab nach „Mali Losinj" wo ich um 1120 an der Mole vom Hafenkapitän, meinem Freund „Sladko" anlege und auch gleich alles Geschäftliche erledige, auch für Karl. Ich mußte mit „Sladko" etliche „klare" kippen um unsere Geschäfte zu „besiegeln" wie es hier so üblich ist. Dann gleich noch „Duty Free" einkaufen gewesen und über die Tankstelle, wo ich 44 Liter Diesel um 2.200.- Dinar tanke und dann um 1350 im Hafen anlege.

Leider ist „Enzo" nicht da und ich muß bis 1800 warten um alles auch mit ihm zu erledigen. Vergeblich versucht auch hier in „Mali Losinj" Spiritus zu bekommen, nicht mal in der Apotheke, wo man Spiritus, zwar hochprozentig und sehr teuer bekommen kann, haben sie welchen. Ich habe nun bei „Sladko" von seinem Barometer mein Barometer justiert, von 1040 hPc auf nun, was mir eher richtig erscheint, 1027 hPc. Karl ist total „besessen" vom Navigieren und macht alle 10 Minuten eine Peilung mit dem Peilkompaß und wir haben um 1140 bereits „Greben" an Dwars und wir gehen um 1220 zwischen „Skarda" und „Ist" durch und dann mit 142° und auf Sicht bis zur „Dugi Otok" wo wir um 1403 nach 23 Sm auf der Mole vom Leuchtturm „Veli Rat" röm.kat. anlegen. Renate und Karl machen mal einen Spaziergang und von Wenche bekomme ich eine Maniküre und wir geben uns dann gemeinsam am Strand auf der West Seite beim „Veli Rat" mit guten feeling den Sonnenuntergang. Ich köchle dann noch für uns einen Kaiserschmarrn, wo der Leser hoffentlich jetzt nicht glaubt, daß es das Einzige ist, was ich kochen kann.

Renate, Wenche und Skipper Erich beim „Veli Rat"

Am Mittwoch den 5. Oktober 1983 nervt mich Karl bereits um 0630 Karl auf, da ich höre wie er den Anker fieren will und das Boot näher an die Mole ziehen will, weil er sich einbildet einen Waldlauf zu machen, wobei natürlich alle wach geworden sind. Nachdem ich ihn an Land ließ, war er bereits nach 5 Minuten schon wieder zurück, meiner Meinung nach, ist er bestenfalls bis ans Ende der Mole gelaufen, er ist lästiger als ein „Sack voll Flöhe", noch dazu hat er sich eingebildet, gerade jetzt an Bord eine „Knoblauchkur" zu machen, und man kann ihn bereits auf 10 m Entfernung riechen!

Sonnenuntergang mit Crew beim „Veli Rat"

Obwohl er ja körperlich sehr „zurück" geblieben ist, was ich ihm immer, natürlich als „Freund" erkläre, weil er ja ein Oberösterreicher ist, und ich ihm die Historie erkläre, nämlich das vor hunderten von Jahren die „Kelten" die Donau hinaufgezogen sind, und dann in Oberösterreich die „schwächlichen" und „gebrechlichen" in Oberösterreich zurückgelassen wurden, also sich dort die „zurückgebliebenen" ansiedelten, zu denen eindeutig Karl gehört, er hat bestenfalls 45 kg, mit samt seinem Bett! (Grins) Trotz seines

117

„Federgewichtes" schafft er es aber, über das Deck zu „stampfen", wo es nicht anders sein konnte, als daß er mit den Fersen zuerst auftritt, so ähnlich wie „Wattussi" Tänzer die sich in Trance tanzen, sonst kann ein normaler Mensch nicht so laut auftreten.

Stimmung beim Sonnenuntergang am Strand beim „Veli Rat"

Dank Karl, kommen wir zu einem zeitigen Frühstück und legen um 0855 ab und fahren in Richtung „Zadar" und haben um 1052 bereits das „Plic Sajda" Dwars und fahren mit Kurs 113° weiter und um 1225 haben wir „Zadar" an BB Dwars und gehen bis nach „Biograd" wo wir um 1500 nach 35 Sm in der Marina anlegen. Dank der Mechaniker die wissen, daß „Vinco" mein Freund ist, schaffen sie von acht Charterbooten für mich 5 Liter Spiritus zusammen zu bekommen und wir können wieder kochen. Da sie kein Geld nehmen wollen, gebe ich ihnen aber 500.- Dinar Tip. Am Abend laden Renate und Karl, Wenche und mich auf das Abendessen ein, weiß nicht warum aber jedenfalls nett von ihnen. Da die Crew gegen eine Nachtfahrt ist, bleiben wir bei klarem Himmel um 2100 und 1027 hPc in der Marina liegen.

Am Donnerstag den 6. Oktober 1983 Wir fahren auf Sicht durch den Sibenski Kanal und dann Hafen unter der Brücke durch und die „Krka" rauf bis nach „Skradin" wo wir um1540 nach 33 Sm röm.kat. anlegen mit Leine auf eine Boje. Karl geht duschen, leider wieder nur kaltes Wasser und ich habe kein Glück bei meinem Friseur da schon geschlossen ist. Am Abend sind wir bei Mate im Weinkeller und ich trinke relativ wenig, aber Karl hatte doch etwas zu viel, jedenfalls übergibt er seine Mahlzeit inklusive dem Wein dreimal dem Meer und spricht mit „Neptun". Wir gehen relativ früh in die Kojen und die Nacht ist total ruhig und klar bei 1025 hPc.

Karl und Renate an Bord.

Am Freitag den 7. Oktober 1983 machen am Morgen Renate und Karl einen Ausflug zu den Wasserfällen und nachdem ich auch kalt duschen war gehe ich zum Friseur und lasse mich rasieren und die Haare waschen. Um 1400 sitzen wir schon wieder bei Mate bei Käse und Prosciutto und Rotwein. Um 1500 gehen auch die Mädchen kalt duschen und ich lasse den Motor für Kühlschrank laufen und am Abend alles eher locker, ich bin auf Wenche etwas böse, aber da ich nicht mehr genau weiß warum, gibt sich das Ganze noch vor Mitternacht. Nur bin ich angeblich ganz schön lästig, und bin zu Renate in die Achterkajüte gegangen und mich zu ihr gelegt, aber sie haben mich dann mit einem Glas Whisky wieder raus gelockt, und ich habe mir dann noch den Rest vom „Ballantin" gegeben und somit kommt die Crew erst spät zum Schlafen.

Renate und Wenche vor dem Weinkeller von Mate.

Illyrische Festung in „Zirje" und an der Mole in „U.Pantera"

Am Sonntag den 9. Oktober 1983 hatten wir in der Nacht leichten Regen und morgens ist Karl schon wieder auf einen „Waldlauf" unterwegs um uns alle auf zu wecken. Es ist stark bewölkt bei 1016 HPs und leichten S mit 2 Bft und um 0950 gehen wir ab und kommen nach 2 Sm sogar einmal zum Segeln nur nach 6 Sm bei der „U.Lojaca" die wir um 1145 erreichen, drücken wir wieder auf Motor und fahren mit Kurs 300° weiter. Die See ist etwas unruhig und es fällt auch Nebel ein und wir haben um 1405 den Leuchtturm „Prisnjak" an STB Dwars und wir gehen mit 342° in Richtung „Biograd" wo wir um 1555 nach insgesamt 28 Sm anlegen.

Am Abend gehen wir essen und feiern gleich den Geburtstag von Wenche doppelt und wir hören „Klaus Schulze" mit super feeling und somit bin ich erst am Montag den 10. Oktober 1983 um 0630 eingeschlafen. Am Morgen nach dem Frühstück kommen die Mechaniker freunde „Vinco" und „Krecho" vorbei und ich gehe mit ihnen auf einen „Cappuccino". Um 1005 gehen wir ab von „Biograd" und wieder mal „spinnt" der Autopilot, wir gehen mal zum Essen in die „Zdrelac" Enge, wo wir um 1210 den Anker setzen. Um 1440 gehen wir mit gutem feeling ab und kommen sogar wieder mal knapp 6 Sm zum Segeln und um 1700 legen wir in der Marina Zadar nach 19 Sm an. Wir machen Stadtbummel und gehen Abendessen und relativ früh in die Kojen gegangen, da ich Wenche was „versprochen" habe.

Vor der Festung auf „Zirje"

Wenche und wir segeln mit Autopilot

Am Dienstag den 11, Oktober 1983 dürfte ich mein Versprechen bei Wenche eingehalten haben, denn sie ist mit mir als Erste auf und köchelt Frühstück. Nachdem wir 850.- Dinar für die Marina gezahlt haben gehen wir um 0920 ab und kommen wieder mal mit Kurs 295° sogar 15 Sm zum Segeln und fahren zeitweise sogar auf der Scheuerleiste. Um 1340 legen wir an der Mole vom Leuchtturm „Veli Rat" röm.kat. an und köcheln mal ein Mittagessen. Karl war heute im Mast und hat das Arbeitslicht wieder angeschraubt, daß wieder locker wurde. Ich gehe mal alleine zur West Seite um nachzusehen wie die See ist, meiner Meinung hält es sich in Grenzen.

Wir wollen dann doch noch eine Nachtfahrt machen und legen um 1715 ab und mit Kurs 312° in Richtung „Mali Losinj". Leider haben wir die See sehr unangenehm von Dwars und wir werden sehr stark durchgeschaukelt, was Karl so gar nicht gefällt und um es ihm und der Crew zu ersparen, nun sechs Stunden gebeutelt zu werden, drehe ich südlich von „Tramerka" ab und gehen mit Kurs 133° wieder zurück und wir legen um 1840 nach heute 27 Sm wieder an der Mole an. Es fällt dann sogar noch Nebel ein, und ich hoffe, daß Wind nachläßt und wir nicht Ankerwache gehen müssen.

Karl im Mast und schraubt Licht wieder fest

Renate wird von Karl in der Bucht gewaschen.

Der Mittwoch des 12. Oktobers 1983 fängt nicht besonders gut an, der Wind hat auf NNE mit 5 Bft gedreht und wir haben um 0200 Gewitter mit Regen. Die Bora drückt seitlich auf uns und ich habe den Motor gestartet und dampfe vorwärts in die Ankerleine ein um sie zu entlasten und nicht zu warten bis der Anker ausbricht. Ich löse die Landfeste die ich immer auf Slipp habe um nicht jemanden auf die Mole zu senden um die Leine zu lösen, ich lasse die Landfeste ausrauschen und wir kommen sofort von der Mole weg, nur dann hänge ich auf einmal wieder irgendwo. Als ich zurück nach achtern schaue, sehe ich, daß sich die dünne Leine vom Schlauchboot, die rundherum am Schlauch angebracht ist, sich in dem Haltering der an der Mole runter hängt, verfangen hat. Also wenn man das wollte könnte es man mit hundert Versuchen nicht schaffen die Leine in den Ring einzuhängen, aber in dieser Situation schaut natürlich „Murphy" daß so was passiert, wenn man es am wenigsten brauchen kann.

Das Schlauchboot schaut aus wie ein „Schmetterling" und hängt hinten am Heck und ist sicher auf jeder Seite um einen halben Meter länger gezogen worden.

Stimmung beim „Veli Rat" nach Gewitter

Wenn ich jetzt Gas wegnehmen, werde ich sofort an die Mole gedrückt, somit schreie ich der Wenche zu, die noch immer unter Deck ist, sie soll mir ein Messer geben. Sie reicht mir allerdings ein Besteckmesser mit einem Plastikgriff raus und als ich die dünne Leine kappen will, bricht sofort die Klinge ab und ich habe nur mehr den Griff in der Hand. Das nächste Messer ist besser und ich kann die Leine kappen und wir schießen sofort voll nach vorne, wo Karl nun den Anker einholen kann, nur muß ich jetzt aufpassen, da wir ja nur 10 m Vorlaufkette haben und dann nur Ankerseil, daß ich nicht zu schnell nach vorfahre und wir uns das eigenen Ankerseil in den Propeller fahren.

Wir schaffen es dann aber und ich fahre auf die Nord Seite der „Pantera" wo es wesentlich ruhiger ist und fast keine Wellen und setzen den Anker um 0230 neu und ich teile Ankerwache ein. Wir köcheln uns noch einen heißen Tee und Karl übernimmt die Erste Wache bis 0330 und dann wieder ich bis 0500 wo ich noch Gewitter hatte und NNE mit 5 Bft aber die Gewitter dann aufhörten und die Bora auf 3 Bft zurück ging und wir dann alle in die Kojen gehen können. Um 1000 haben wir strahlendes Wetter mit Bora und das Barometer ist von in der Nacht mit 1015 hPc auf nun 1024 hPc gestiegen und wir legen um 1035 ab und fahren in Richtung Nord mit Kurs 312° und fahren mal bis „Premuda" wo wir uns zum Essen in die „U.Dobra" um 1315 vor Anker legen.

Das Boot von „Sladko" meinem Freund der Hafenkapitän

Der Autopilot hat trotzdem gut funktioniert und wir gehen um 1415 mit Kurs 330° weiter und kommen ohne Probleme doch mit Bora bis „Mali Losinj" wo wir nach 35 Sm um 1800 röm.kat. im Hafen anlegen und auch gleich 230.- Dinar Hafengebühr zahlen müssen. Abends kommt noch „Enzo" auf einen Cafe an Bord und mit Karl habe ich bis Mitternacht noch heftige Diskussionen. Um 0030 haben wir wieder klare Nacht und es ist ruhig im Hafen bei 1030 hPc. Am Donnerstag den 13. Oktober 1983 gehen wir am Morgen noch Duty Free einkaufen und wir gehen um 0900 zur Tankstelle wo ich 43 Liter Diesel um 2.200.- Dinar tanke und dann auf die Mole zum Hafenkapitän, meinen Freund „Sladko" anlege, und ich bekomme bei „Sladko" alles und auch für Karl ist alles fertiggemacht.

Auf der Boje von der „Calypso" vor „Sv.Petar" im Kanal von Ilovik

Bin noch kurz mit „Enzo" unterwegs gewesen und wir legen um 1155 ab und fahren die Küste der Insel „Cres" entlang in Richtung Nord, und um 1455 haben wir „Zeca" Dwars und laufen mit Kurs 357° weiter und es ist bereits 1840 als wir „Rt. Prestenice" an STB Dwars haben und der Autopilot wieder mal streikt. Die Mädchen haben bereits am Weg die meiste Zeit geschlafen und wir legen um 2105 in der Marina Opatija nach 51 Sm an. In der Marina werde ich von Renate und Karl zu Skipper Dinner eingeladen, Wenche ist nicht mitgegangen und hat geschlafen. Am Freitag den 14. Oktober 1983 haben wir ein Viertel Bewölkung bei S Wind mit 1 Bft und 1030 hPc und nach einem kräftigen Frühstück bunkern Karl und Renate aus und fahren ab nachdem ich sie ausklariert habe. Um 1045 fahren wir noch mit Kurs 165° in Richtung „Cres" wo wir uns in der nördlichen Bucht „U.Jablanac" um 1250 vor Anker legen. Wir essen dort zu Mittag und bei guten feeling mache ich von Wenche viele „Aktaufnahmen" und mit gutem feeling fotografiere ich noch den Film aus. Um 1515 gehen wir ab und legen nach 21 Sm um 1710 wieder in der Marina Opatija an. Am Abend mit Wenche noch einen Stadtbummel durch „Opatija" gemacht und mit guten feeling in die Kojen.

Am Samstag den 15. Oktober 1983 fahren wir noch in die Stadt und ich kaufe für Herbert eine „Kappe" und um 1100 kommt diesmal die Fr.Perkonig die Eignerin und wir bunkern mal alles aus. Wir machen klar Schiff und ich bezahle noch 300.- Schilling für den Diesel den ich noch verfahren habe, da ich ja nicht mehr tanken war und um 1400 übergebe ich das Boot. Wir versuchen in ganz Opatija Geld zu wechseln und Coupons zu kaufen, was aber erst nach fünf Versuchen gelingt und wir gleich essen gehen da wir schon großen Hunger haben. Um 1630 fahren wir dann ab in Richtung Österreich zurück.

Es war ein schöner Törn unter dem „Key of life" und trotz ein paar Problemen im Großen und Ganzen schön und unvergeßlich geblieben, und ich hoffe, bei den Crews auch!

Auf der Fahrt zurück, mit Renate am Bug

Unter dem „Key of life" mit der „Antn" Motorsegler MÖN 27

10.Kapitel

Unter dem Key of life mit „Sourire" 1984

Daten „Sourire" Jeanneau Fandango
Länge ü.a: 10,60 m
Länge WL: 8,70 m
Höhe über WL: 1,40 m
Masthöhe: 11,20 m
Breite: 3,15 m
Tiefgang: 1,70 m
Segelfläche am Wind: 55 m²
Verdrängung: 4600 kg
Motor: Volvo Penta MD 2B Diesel 25 PS
Takelung: Sloop BJ: 1975 Material: GFK
Wasser: 2x100 Liter - Diesel: 50 Liter
Heimathafen: Wien
Ausrüstung: Funkpeiler, Echolot, Autopilot,
Logbuch: 2. Juni 1984 bis 9. Oktober 1984

Skipper Erich ein Jahr vorher auf der „Antn" 1983

„Sourire" Jeanneau Fandango

Erste Crew an Bord

Es ist Samstag der 2. Juni 1984 als wir um 0830 in der Marina Zadar ankommen, und bald anfangen alles einzubunkern. Ich gehe gleich einklarieren was relativ flott ging, während die Crew mit der „Eignerin Gerda" im Duty free einkaufen war. Es kamen meine Freundin Anita mit ihrem Mann Gerhard an Bord, sie haben auch eine Freundin mitgebracht, da sie den Doktor machte, nenne ich um Verwirrung zu vermeiden, Dr.Gabriele. Sie ist in Bratislava geboren aber jetzt deutsche Staatsbürgerin, eine meiner jetzigen Freundinnen, auch eine Gabriele, die später dann meine Verlobte wurde, und auf der Ersten „Key of life" mit mir jahrelang unterwegs war.

Ich mußte mal feststellen, es funktionieren das Top und das Arbeitslicht nicht, wahrscheinlich wurde bei einziehen eines neuen „Fall" das Kabel „beleidigt" oder abgerissen. Gerhard und Gabriele S. lassen ihr Auto in der Marina für 200.- Dinar pro Tag, da ich ja ein „Flachgeist" bin, riskiere ich es und lasse meinem Mazda vor der Marina auf der Straße stehen. Ich lasse auch noch drei Gasflaschen um 400.- Dinar füllen, damit unser Kochen gesichert ist. Wir warten dann noch eine Weile auf „Niki" der Freund von Gerda der von Italien Gerda's Auto holen soll, aber wir fahren dann doch vorher los. Wir legen bei leichten SW mit 2 Bft und ruhiger See bei 1020 hPc um 1500 ab und fahren auf Sicht und Kurs 160° bis in die „Zdrelac Enge" wo wir nach 8 Sm um 1620 den Anker setzen. Ich muß die Leinen für das Reff im Groß tauschen und ein Mastrutscher ist auch draußen. Nach einem Umtrunk mit guten „feeling" gehen wir um 2200 in die Kojen.

Am Sonntag den 3. Juni 1984 haben wir NW mit 2 Bft bei 1018 hPc und wir haben die Erste Nacht gut verbracht und nach einem gepflegten Frühstück, gehen wir um 1000 ab in Richtung „Biograd". Leider hat dann um 1530 der Wind stark nachgelassen, gerade noch SW mit 1 Bft und etwas diesig, und wir drücken wieder auf den Motor und lassen nur das Groß als Stützsegel stehen. Um 1705 haben wir an BB Dwars bereits „Rt.Tijascica" und wir laufen mit Kur 72° auf den Kanal von Sibenik zu, wo wir die Einfahrt um 1740 erreichen und den „Rt.Jadrija" passieren, das Einfahrtfeuer vom „Sibenski Kanal".

Gabriele, dann „Dr.Gabriele, Erich am Steuer und Gerhard

Wir gehen dann auf Sicht die „Krka" rauf wo wir um 1950 nach 48 Sm den Anker setzen und röm.kat. Anlegen. Hier wir bereits an einer Marina gebaut, was Skradin mehr Touristen bringen soll. Ich habe festgestellt, daß leider die Rudersäule locker ist, aber die Schrauben gehen nicht zum Nachziehen, weiß nicht warum? Am Abend natürlich bei Mate im Weinkeller und mit guten feeling kommen wir 2330 wieder an Bord. Hoffe das Wetter gut bleibt, weil das Barometer ist auf 1012 hPc gefallen, aber es ist total klarer Himmel.

Der Dienstag am 5. Juni 1984 beginnt nicht erfreulich, das Surfbrett stößt um 0105 gegen den Rumpf und ich wecke Gabriele. Wir holen es an Deck und der Wind kommt nun aus SSE mit 4-5 Bft und wir schwellen auf und ab, und während ich noch überlege auf die S-Seite der Bucht zu gehen, kommt auch schon der Fischer „Tomislav" zu uns und warnt mich wegen einer Sturmwarnung. Somit nimmt er mir die Entscheidung ab und wir „dampfen" auf die Südseite und setzen dort gleich zwei Anker die mal halten, aber da Schwell immer noch stark ist kann ich eigentlich nicht mehr wirklich schlafen und bin eher auf Ankerwache. Das nächste unerfreuliche ist am Morgen, indem das WC verstopft ist, es dürfte das Seeventil nun verstopft sein und das Ventil ist sehr vergammelt, also dürften sich weder Gerda noch Niki um ein Service gekümmert haben. Mit Gerhard seiner Hilfe bekommen wir es wieder frei. Wir haben den ganzen Tag starken Schwell in der Bucht mit Wind um die 4-5 Bft und da die Anker slippen, fahren wir mehrere Manöver und setzen die Anker neu. Leider ist aber viel Seegras am Grund der Bucht, somit erfolglos, immer wieder slippen die Anker und um 1530 haben wir Wind aus SE mit 7 Bft und sehr grober See draußen mit 6-7 und in der Bucht. Sehr starken Schwell und wir gehen auf und ab wie auf einer „Hochschaubahn" und wir gehen um 1530 Anker auf und dampfen gegen die Wellen auf die Ausfahrt von der „U.Stupica" zu, ich schaffe trotz voller Fahrt gerade 1-2 Knoten gegen an, zu dampfen.

Die „Sourire" spielt fast „U-Boot" und wir tauchen bei jeder Welle voll mit dem ganzen Bug unter Wasser und ich versuche bis zum Ende von Zirje, die schmale Durchfahrt von der Insel „Mazirina" zu erreichen wo südlich von Zirje das Feuer am Riff von „Hrid Rasohe" draufsteht. Obwohl es nur an die zwei Seemeilen sind, fühlte es sich wie eine „Ewigkeit" an und da die Wellen sicher um die 5-6 m an Höhe haben, lasse ich allen mal die „Life Belts" anlegen.

Da ich später aus Erfahrung wußte ich habe bei meinen Aufzeichnungen nie übertrieben, somit weiß ich, daß wir eine See mit 6-7 hatten und ich jede Welle mit einem Knoten rauffuhr und dann beim runter surfen der Welle voll mit dem Bug eintauchte. Meiner Gabriele ging es natürlich überhaupt nicht gut und spricht wieder mit „Neptun" und ich bin froh, als ich dann in die Durchfahrt eindrehen kann und die See nun von achtern kommt und uns anschiebt, und ich mit einem Kurs von 330° in Richtung „Kaprije" gehen kann, wo wir dann um 1815 nach diesem Höllenritt von gerade 10 Sm im Hafen hinter der Mole in „Kaprije" anlegen. Da wir hier sehr ruhig liegen, köchelt diesmal Anita einen Kaiserschmarrn und obwohl wir alle relativ müde und „fertig" sind, machen wir noch einen Abend Spaziergang und essen bei einem Bekannten „Niko" einem Fischer noch etwas Käse und Zwiebel mit Rotwein, wo er versucht etwas „Kohle" zu verdienen und wir neben seinen Netzen im Garten sitzen.

Leider wurde auch die Nacht vom Freitag den 8. Juni 1984 nicht ruhig, um 0100 haben wir Gewitter und unser Anker slippt in den Böen aus West mit 4-5 Bft und natürlich Regen. Ich bin nackt an Deck und wir werden nach STB gedrückt wo ich uns von der neben uns stehenden „Margarete" mal weghalte bis auch Gerhard auch fast nackt nur mit Jacke bekleidet unseren Anker dicht holt. Nun ist auch die restliche Crew wach und alle bis auf meine Gabriele, die in der Koje bleibt, sind an Deck. Es stimmt mich etwas traurig, ich hätte von meiner Gabriele mehr Einsatz erwartet, von ihr alleine und nicht erst warten bis ein Befehl von mir kommt. Anita kommt mit meinem Overall und zieht mich im Regen an, ich bin zwar jetzt innen und außen naß, aber es ist doch etwas wärmer. Ich bringe mit Dr.Gabriele einen zweiten Anker nach BB aus und wir holen Beide dicht und sie dürften halten. Nur haben andere Boote auch Probleme bekommen und haben den Anker von „Margarete" ausgegraben die nun in unsere Richtung gedrückt wird.

Zur Sicherheit übernehme ich um 0200 die Erste Ankerwache um sicher zu sein. Inzwischen hat um 0230 das nächste Boot Probleme und alle sind an Deck und setzen den Anker in der Mitte der Bucht. Eines ist sicher, auf einem Boot wird einem nie fad! Der Wind hat auf N gedreht und meine Gabriele übernimmt die Wache um 0200 bis dann Gerhard um 0300 übernimmt und Dr.Gabriele die Wache um 0500 bis sie von Anita um 0600 abgelöst wird. Um 0800 bin ich, da schon wieder Gewitter ist mit Regen und Wind er auf SW gedreht hat mit 3 Bft sich in Grenzen hält. Ich glaube die Crew würde es gar nicht verstehen, wenn wir mal eine Nacht ohne Probleme durchschlafen könnten. Um 1000 fahren wir nach „Hvar" wo wir um 1035 den Anker setzen und im Hafen röm.kat. Anlegen. Wir gehen einkaufen und auf die Festung rauf und am Abend noch auf einen Umtrunk.

Samstag der 9. Juni 1984 wäre ruhig geblieben, wenn nicht um 0300 früh ankommenden Crew viel Lärm machen würde, erst nach einer „Rüge" von mir, kehrt aber dann Ruhe ein. Nach dem Frühstück gehen wir um 0850 ab von Hvar, aber wieder kein Wind und wir motoren in Richtung „Korcula. Um 1045 haben wir „Scedro" an BB und laufen mit Kurs 110° zur Halbinsel „Peljesac" wo wir um 1335 in der „U.Przina" den Anker setzen. Dieser geschützte Ankerplatz war schon früher ein wichtiger Zufluchtshafen für die Seeverbindungen zwischen „Corcyra nigra- Korcula und Narona - Vid bei Metkovic" woran noch die Spuren einer römischen Villa Rustica erinnern.

Die Flotte von Genua besiegte 1298 in der Nähe von Korcula die venezianische Flotte, und da wurde „Marco Polo", der bekannte Welt - Wanderer, der Abstammung nach vermutlich aus Korcula, gefangengenommen. Natürlich kann man für Geld, das Haus Marco Polos besichtigen, von dem aber nur mehr ein Turm übrig ist und eher enttäuschend für mich war. Auch hier würden die Sehenswürdigkeiten mehrere Seiten füllen aber die Stadtmauer aus dem 13. Jahrhundert die 1875 teilweise zerstört wurden, mit ihren Stadtbasteien: Zorzi (1449), Balbi (ab 1483) und dem Turm neben der Bastei Balbi (1449) sind auf jeden Fall sehenswert. Es gibt kirchliche Schatzkammern und reiche Sammlungen kulturhistorischer Denkmäler und Kunstwerke. Den Renaissance Palast „Gabrielis" aus dem 16. Jahrhundert und im Museum verschiedene Sammlungen aus der Geschichte und Entwicklung von Korcula. Außerhalb des Stadtzentrums steht die Festung „Sveti Vlaho", daß Fort „Wellington" aus 1813.

Gerhard am Steuer und wir kommen wieder etwas zum Segeln.

Sonntag der 10. Juni 1984 mit leichten NW mit 1-2 Bft und es ist klarer Himmel und ich will den Autopiloten ausprobieren, muß aber feststellen, daß der Schraubdeckel und die Sicherung fehlt, hätte nicht gedacht bei Gerda alles so kontrollieren zu müssen und eigentlich damit gerechnet habe, die „Sourire" in einem guten Zustand zu übernehmen. Als wir die „U.Podstan" auf Scedro an STB haben, setzen wir mal nach 24 Sm um 1440 die Segel und gehen weiter mit einem Kurs von 290°. Dabei kommt mir bei der Umlenkrolle im Mast, beim Vorfall, das Kabel vom Toplicht mit raus, es wurde wahrscheinlich beim Einziehen mit der Vorfall Leine vertörnt und ist deshalb gerissen und das Toplicht ausgerissen. Man sollte im Mast die Kabel in einem eigenen Rohr einziehen, was verhindert, daß sich die Kabel mit den Fallleinen vertörnen können, und auch das sie im inneren des Mastes immer bei starken Schwell anschlagen können, was in vielen Nächten dann sehr störend sein kann. Ich habe es dann mal repariert und hoffe doch, daß es sich nicht mehr vertörnt.

Am Montag den 11. Juni 1984 Am Vormittag gehen wir einkaufen und auch Duty Free bevor wir um 1125 auf Sicht den Fluß Krka hinauf fahren und nach einer schönen Fahrt durch diesen „Fjord" legen wir um 1300 nach 9 Sm röm.kat. in „Skradin" an. Eigentlich wollte ich nicht zu den Wasserfällen fahren, aber da nur mir, Mate seinen Außenborder leiht und uns alleine rauffahren läßt. Fahre ich mit und muß natürlich jetzt auch bereits 150.- Dinar Eintritt zahlen. Die Wasserfälle habe diesmal viel Wasser was eigentlich selten ist, sie dürften die Turbinen vom Kraftwerk abgeschaltet haben.

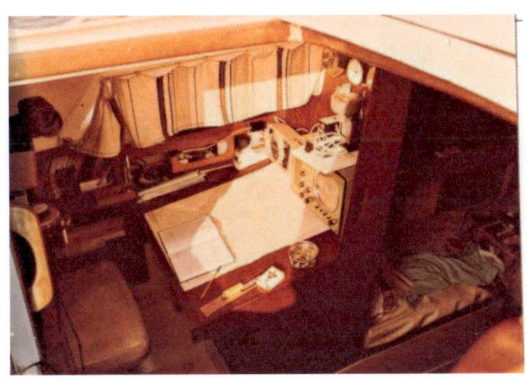

v.l.n.r. Dr.Gabriele, Anita, Gerhard und Gabriele bei den Wasserfällen u. In der „U.Tratinska" auf „Zirje"

Der Leuchtturm „Veli Rat" am NW Ende von der „Dugi Otok"

Um 1930 legen wir an der Mole vom Leuchtturm „Veli Rat" röm.kat. nach 58 Sm an. Wir geben uns den Sonnenuntergang mit gutem feeling am West Strand vom „Veli Rat" und am Abend gibt es Grillwürstchen. Wir sitzen noch lange im Cockpit und plaudern über den alten Leuchtturm. Der Leuchtturm „Veli Rat", er wurde im Jahr 1849 gebaut und ist 42 Meter hoch und heute der höchste Leuchtturm an der Adria. Er verdankt seine eindrucksvolle Erscheinung seiner gelben Fassade, für die, nach mündlicher Überlieferung, 100 000 Eigelb verwendet wurden. Jedenfalls steht es so jetzt 2022 in der Werbung für Kroatien über den „Veli Rat" der jetzt schon Touristisch genutzt wird und die im Hof des Leuchtturms befindliche Kapelle des Hl. Nikolaus, ein Ort wurde der mehr und mehr für Organisierung von romantischen Hochzeiten gefragt wird, wobei der Leuchtturm auch Apartments im Angebot hat. Allerdings, waren meine Berichte von den Einheimischen und in alten „Adria Führern" etwas anders, denn dort stand drinnen, daß die damals 200.000 EIKLAR für den Verputz verwendet, haben, was eigentlich mehr Sinn ergibt um sie als Bindemittel zu verwenden, als das Eigelb. Vor allem nachdem ich ja 35 Jahre in der Adria gefahren bin, der „Veli Rat" nie gelblich ausgesehen hat. Mit vielen Crews hatte ich Diskussionen, was die wohl mit den Eidottern getan haben?

Luke und Fenster von der Bugkoje, Schlauchboot auf dem Kajütendach verzurrt und verstaut.

11.Kapitel:
Zweite Crew an Bord

Am Samstag den 16. Juni 1984 haben wir am Morgen etwas leichte Regenschauer und als ich aufwache sitzt bereits die neue Crew im Restaurant, es ist Gustav, Herbert und Susanne. Herbert der etwas fragliche Skipper habe ich mit seiner Crew mit der „Antn" 1983 in der „Katina" kennengelernt und jetzt sind sie mit mir unterwegs. Ich leihe Gerhard und Anita noch 2.000.- Schilling und gebe ihnen noch zwei Coupons um je 1.000 Dinar für Benzin mit bevor sie nach Wien zurückfahren, meine Gabriele bleibt ja noch bei mir an Bord. Am Vormittag die üblichen Wege mit einklarieren und Duty Free einkaufen und Gustav geht mit Susanne zum „shoppen" in die Stadt. Um 1250 legen wir ab und gehen mit Kurs 295° in Richtung NW, diesen Kurs hatte ja Herbert mit seiner „Shogun" genommen, obwohl er eigentlich nach Biograd wollte, diese Geschichte steht im Buch mit der „Antn" von 1983 detailliert beschrieben.

v.l.n.r. Susanne, Gabriele, Herbert und Gustav

Montag der 18. Juni 1984 wir haben leichten W Wind mit 2 Bft bei klarem Himmel und das Barometer ist auf 1027 gestiegen und es ist etwas diesig. Am Vormittag habe ich Wasser in der Messe stehen und ich stelle fest, die Süßwasserpumpe rinnt. Ich zerlege die Pumpe und sehe sofort, daß hier gepfuscht wurde, aber Gerda mir nichts davon gesagt hat. Ich habe versucht aus einem Gummischlauch von einem Autoreifen eine neue Membrane zu machen, es klappt aber nicht wirklich, der Gummi ist zu dick und es ist natürlich keine Ersatzmembrane an Bord.

Ich habe in Skradin nun eine neue Membrane aus einem dünneren Gummi geschnitten, ist besser aber leicht tröpfeln tut sie immer noch. Ich vermute einen Haarriß im Gehäuse und wir legen mal ein Tuch um die Pumpe, womit sich das rinnen in Grenzen hält. Mit Boot von Mate fahr ich mit der Crew zu den Wasserfällen und lasse sie auf Besichtigungstour gehen während ich mit Gabriele in eine Bucht zum Schwimmen und reinigen fahre. Als wir zurück sind und nach einem Umtrunk bei Mate im Weinkeller waren, ist Herbert bereits um 1700 „abgestürzt" und hat sich schlafen gelegt. Wir gehen dann mit Gustav alleine essen und als wir um 2300 an Bord kommen, geht auch Gustav sofort in die Kojen.

Am Mittwoch den 20. Juni 1984 wieder ein schöner Tag geworden nur haben sie mir den Karabiner vom Relings Verschluß am Heck hier in „Skradin" gestohlen. Wir gehen in Richtung „Zirje" wo wir bis in die „U.Tratinska" gehen und dort nach 27 Sm um 1600 mit einer Landfeste auf Slipp anlegen. Die Crew sammelt Holz und ich bereite den Grill vor und die Koteletts wurden super, aber angeblich haben die Kartoffel was gegen mich, dauernd werden sie von der Crew zurückgeschickt, weil sie angeblich nicht „gar" sind, was ja nicht akzeptabel ist, einer soll sogar die Kartoffel versteckt haben, damit er sie nicht essen muß. Jedenfalls haben wir bei einem Grill noch nie so viel gelacht wie mit dieser Crew und es wurde ein gelungener Abend.

An Bord probieren wir ein „MOB" (Mann über Bord) Manöver und versuchen Gustav mit Lifebelt und Großfall an Bord zu winschen, was aber nicht gelingt, da wir vor lauter Lachen keine Kraft mehr haben und ihm der „Lifebelt" stark einschneidet, wo man auch sieht, daß es im Ernstfall sicher nicht leicht ist jemanden an Deck zu bringen. Schade das es davon keine Videoaufzeichnung gibt, es wäre sicher sehenswert und lustig gewesen. Leider sind noch zwei Boote in die Bucht gekommen und haben sich neben uns gelegt und ich hoffe, daß die Nacht ruhig bleibt, Herbert ist bereits um 2200 wieder in der Koje verschwunden.

Am Samstag den 23. Juni 1984 um 1015 ab nach Zadar wo wir um 1140 in der Marina anlegen. Leider keine Chance die Gasflaschen zu füllen, erst um 1800 beim Campingplatz. Gehen in Duty Free und Gustav war auch so noch einkaufen und beim „Mazda" war die Batterie total leer, nach Starthilfe sehe ich nun, daß meine Benzinpumpe rinnt, und hoffe das mir „Vinco" helfen kann.

12.Kapitel:
Erstmals alleine an Bord

Am Samstag den 24. Juni 1984 ist es mal voll bewölkt und das Barometer ist auf 1010 hPc gefallen bei leichten SE mit 1-2 Bft. Nun bin ich mit Gabriele alleine an Bord, obwohl von der finanziellen Seite gesehen es besser wäre eine Crew zu haben. Vor allem muß ich gleich mal 1.700.- Dinar Marina Gebühr zahlen. Wir gehen um 1015 ab von Zadar und mit Kurs 300° in Richtung NW und setzen bald darauf die Segel. Gabriele ist müde und legt sich in die Koje und da etwas Bora aufgekommen ist und mit NNW und 4-5 Bft bei grobem Seegang Gabriele wieder mit „Neptun" spricht, gebe ich nach 8 Sm wieder die Segel runter und habe die „U.Jakinska" genau im Norden. Ich fahre noch die 2 Sm bis zur „U.Lucina" weiter wo wir um 1525 in der „U.Lucina" auf „Molat" mit zwei Buglandfesten und einer Heckleine auf eine Boje anlegen, gerade noch rechtzeitig bevor es zu regnen anfängt. Gabriele war trotzdem ihr sehr schlecht war, trotzdem zuverlässig bei den Manövern. Ich muß heute die Steuersäule zerlegen, es ist sehr locker und die Schrauben sind nicht zum Nachziehen. Ich muß den ganzen Kompaß mit samt der Halterung ausbauen um zu den Schrauben am Fuß der Säule zu kommen, hier wurde nur gepfuscht, die Schrauben sind total vergammelt und abgenudelt. Ich brauche mal zwei Stunden um endlich zu sehen, daß alle vier Schrauben der Steuersäule nur locker drinnen stecken und kein Gewinde noch Muttern auf den Schrauben sind. Ich kann die oberen zwei Schrauben festziehen und rechts innen eine Mutter aufsetzen, dieser Pfusch ist unverantwortlich der gemacht wurde. Da es sehr viele Schwierigkeiten bereitet um das ordentlich zu machen, da man schwer dazu kommt, wurde dieser Pfusch gemacht. Bei Einbruch der Dunkelheit bin ich gerade fertig geworden. Um zu den hinteren Schrauben zu kommen, müßte man das ganze Ruder mit den Steuerseilen ausbauen, und ich bekam die Schrauben gar nicht auf.

Ich habe in Zadar mal die Benzinpumpe vom „Mazda" ausgebaut und festgestellt, daß die Membrane kaputt ist. Ich habe Riki in Wien angerufen und hoffe, daß sie mir von Wien eine neue mitbringt. Riki bringt mir auch einen Rep-Satz für die Süßwasserpumpe mit, den

Gerda besorgt hat. Die Batterie vom Mazda war wieder komplett leer, weiß aber nicht warum? Am Abend muß ich mich dann auch noch um 2130 in die Marina umlegen, da die Außenmole auch zur Marina gehört und ich dort auch bezahlen muß.

INTERMISSION:

Ich habe jetzt 2025 hier diese Intermission von damals eingeflochten, um zu zeigen, es hat sich bis heute nichts geändert!

Ich hoffe, der Leser hält mich nicht für total verrückt, weil ich schon wieder eine INTERMISSON mache, da es wahrscheinlich in anderen Büchern nicht üblich ist, daß der Autor oder besser wie ich, der Berichterstatter anzeigt, was er gerade macht oder gemacht hat. Nur ist es mir „wurscht" und vielleicht wird es zu einem neuen „Stil" des Bücherschreibens, was mir eher einen „Lacher" rausreißt! Ich wollte nur anzeigen, daß es in dem kurzen Urlaub in Kroatien, nicht zu vielen Seiten gekommen ist, weshalb ich schon wieder in Österreich bin, nachdem ich den „Ostermontag" von 2022 mit wenig Schlaf in der Nacht vorher und Magenschmerzen verbracht habe. Wir aber am Dienstag gut nach Österreich zurückgekommen sind, und erst ab „Grimmenstein" die letzten 50 km im starken Regen gefahren sind.

Was mich an den Wetterbericht in Kroatien erinnert, wo ich mich schon wieder geärgert habe, daß nun auch nach 28 Jahren, es Kroatien nicht wert findet, auch die Temperaturen von Wien im TV anzuzeigen, aber von Prag und Bratislava, wie sie es auch schon vor 38 Jahren als es noch Jugoslawien war, gemacht haben. Da wir Österreicher ja keinen Nationalstolz mehr haben, wird es den meisten egal sein. Vor allem werden die Österreicher, wie ich in meinen anderen Büchern schon geschrieben habe, bald eine Minderheit im eigenen Land sein, weil wir bald mehr Polen, Rumänen, Bulgaren, Serben, Türken haben. Nun auch noch an zweiter Stelle in Europa stehen mit der Aufnahme von Asylanten, die größtenteils Wirtschaftsflüchtlinge sind, aus Iran, Irak, Afghanistan, Syrien usw. wo wir alle mit unserem Sozial und Gesundheitssystem versorgen und die Österreicher auf der „Strecke" bleiben und in die Armut rutschen. Dank der vertrottelten Politik, den NGO's und Gutmenschen und uns nun die Kriegsflüchtlinge aus der „Ukraine" den Rest geben. Die haben aber, Dank „Putin" ein echtes Problem, aber der Schaden für Österreich noch größer wird und Milliarden kostet, nicht nur weil 9.000 Kinder aus der Ukraine die unsere Sprache nicht beherrschen, aber nun hier in die Schule gehen. Was bei unserem schon stark angeschlagenen Bildungssystem nicht gerade ein Vorteil sein dürfte. Hauptsache wir haben genug kroatische Migranten in Österreich aufgenommen, dafür kann Kroatien dann so rassistisch sein und Wien nicht anzeigen. Denn eine andere Erklärung gibt es dafür eigentlich nicht, und ich will mir wirklich überlegen, ob ich in dieses Land überhaupt noch meinen Urlaub verbringen und mein Geld dorthin tragen soll, wenn wir ihnen nicht mal die Temperaturanzeige von Wien im TV wert sind? Ich frage mich schon, wer da mehr Geld ins Land bringt, die von Bratislava und Prag, oder doch die Österreicher?

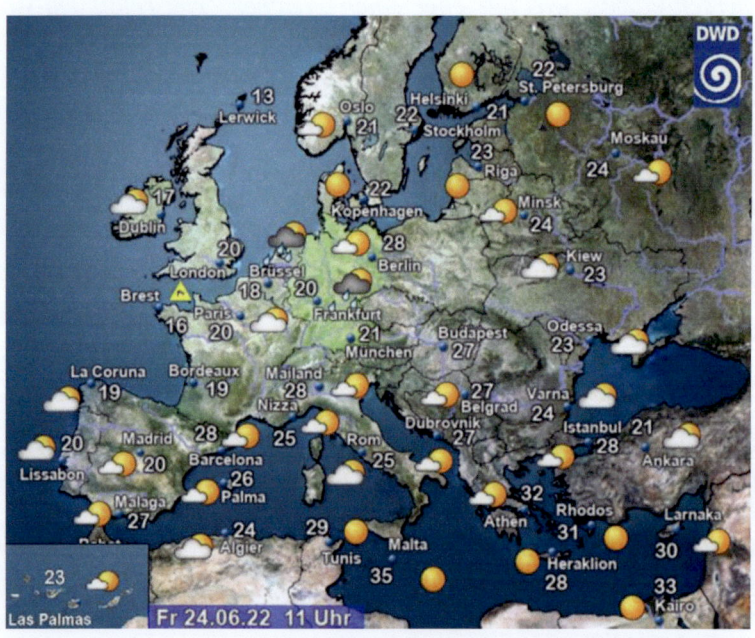

Auf allen TV-Wetterberichten wird Wien nicht angezeigt, aber bei ein paar TV-Stationen sogar Prag und Bratislava!

Freitag der 29. Juni 1984 halb bewölkt bei 28° um 1100 mit 1009 hPc und leichten SE-Wind mit 1-2 Bft in Zadar. Am Morgen mit „Gerda" telefoniert und dann hat mich Hr. Türk der Mann vom Charterclub dem Direktor vorgestellt und ich kann mit ihm sprechen. Der Direktor sagt mir mal, es ist kein Problem Gäste mitzunehmen, was mich doch sehr beruhigt, denn die Gerüchte was nun chartern betrifft, kursieren herum, was alles verboten werden soll, was Chartergäste betrifft. Ich telefoniere dann auch noch mit „Jurik" und sage ihm, daß alles in Ordnung geht, und erfahre noch, daß es in Wien regnet.

Beim BB-Positionslicht, war wieder was total blödsinnig gemacht worden, muß von einem „Vandalen" eingebaut worden sein, war total bei den Anschlüssen verpfuscht worden.

Erich und Gabriele mal alleine an Bord der „Sourire"

13. Kapitel
Dritte Crew an Bord

Am Samstag den 30. Juni 1984 haben wir um 0100 noch Regen mit Gewitter über uns, der Wind aus NE hält sich mit 3-4 bft in Grenzen und das Barometer steht auf 1010 hPc. Gabriele war schon früh auf und hat frisches Brot geholt und dann alleine klar Schiff gemacht. Ricky kam gegen 1100 mit ihrem Sohn Walter an, sie hatte zwei Stunden Aufenthalt an der Grenze und hat dann noch 1,5 Stunden geschlafen!

Ich fuhr mit Ricky ihrem Auto noch die üblichen Wege für Crewliste und lasse die drei Gasflaschen füllen. Bevor wir noch abfuhren, stellte ich fest, ein Ventil war undicht und ich mußte sie in der Marina komplett auslassen um nicht eine „Bombe" an Bord zu haben. Ich habe mich schon beim Füllen, gewundert der Mann hantierte für meinen „Geschmack" sehr dubios. Jetzt hatte ich nur mehr zwei Gasflaschen gefüllt! Um 1325 gehen wir mit leichten SW Wind mit 1-2 Bft in die Zdrelac Enge wo wir um 1445 nach 8 Sm den Anker fallenlassen. Dank meiner feinen Nase, rieche ich schon wieder Gas, und als ich nochmals im Schapp die Gasflasche kontrolliere, sehe ich, das auch die zweite Gasflasche neben dem Ventil undicht ist, und mir nichts übrigbleibt als die Gasflasche in der Bucht zu versenken um nicht eine „Bombe" an Bord zu haben. Jetzt nur mehr eine Gasflasche um 420.- Dinar an Bord, die Gasflasche die ich versenkte „blubberte" noch Stundenlang unter Wasser. Wenn ich das gesamte Gas an Bord gehabt hätte, würde es eventuell mit einer Explosion geendet haben. Sonst haben wir noch einen ruhigen Badetag.

Ricky, Gabriele und Skipper Erich

Am Sonntag den 1. Juli 1984 haben wir klares Wetter bei 1018 hPc und gehen fast ohne Wind nach Biograd, wo wir um 1205 beim Kran längsseits gehen und mit Vinco sprechen, da Ricky mit Walter nach uns noch etwas bleiben wollen. Ricky lädt uns noch zum Essen ein und als wir zurückkommen, sitze ich auf „Grund" da es beim Kran bei Ebbe doch sehr seicht sein dürfte. Die Mechaniker ziehen etwas am Großfall und bei wenig Krängung komme ich gleich wieder frei und wir gehen um 1410 ab mit Kurs 160° und kommen noch zu einem schönen Segeltag.

Der Wind läßt gegen 1600 nach und wir sind bei „Mate" auf Prosciutto und Käse, mit ausreichend Rotwein mit noch einen Besuch in der Konditorei auf Cappuccino und Krapfen. Gegen Abend zerlege ich „viermal" die Süßwasserpumpe, aber leider erfolglos, der Haarriß im Gehäuse ist nicht dicht zu bekommen. Der Teil mit der Nr. E704/46 Cover, ist nicht zu kleben und es macht mich nicht gerade glücklich die

Pumpe so oft umsonst zerlegt zu haben. Ricky war mit Walter bei den Wasserfällen und spät noch auf einen Cafe in der Konditorei.

Am Donnerstag den 5. Juli 1984 bleiben wir für einen Relaxing und Badetag liegen. In der Bucht sind ein paar Fischer mit Netzen und zwei Tauchern und sie schenken uns 3 kg Fische ohne sich bezahlen zu lassen und wir revanchieren uns mit ein paar Dosen kalten Bier. Wir können sogar noch Fische verschenken und am Abend spiele ich, nachdem ich die Fische geputzt habe, mal den Koch und die Fische schmecken allen sehr gut.

Auch mal die „Rudersklaven" gewesen

Am Freitag den 6. Juli 1984 lege ich in der Marina Zadar längsseits an. Ich habe noch bei meinen „Mazda" die Benzinpumpe eingebaut und mir ein Ladegerät geliehen um über Nacht die Batterie zu laden und wir gehen noch essen.

14.Kapitel:
Neue Crew ohne Gabriele

Am Samstag den 7. Juli 1984 baue ich die geladene Batterie in den Mazda ein, aber ich habe sie fast wieder leer gestartet, aber der Mazda springt nicht an. Ricky versucht mich anzuschleppen, aber leider blieb das auch erfolglos und ich muß mit Ricky noch Gas holen und dann noch klar Schiff gemacht und essen gegangen. Um 1300 habe ich endlich Gerda am Telefon erreicht und um 1500 ist die neue Crew immer noch nicht da. Um 1530 fährt Ricky und Walter mit Gabriele nach „Biograd" wo sie eine Woche weiter Urlaub machen und da die neue Crew aus sechs Leuten besteht genügend Platz an Bord bleibt. Ich lasse die Schlüssel vom Mazda bei den Damen in der Rezeption und sie wollen am Montag einen Mechaniker holen, der sich den Mazda ansehen wird und ihn auch hoffentlich repariert.

Ich treffe noch einen Bekannten den ich „Iz Veli" kennengelernt habe als er mit seiner „Cress & Craft" den Propeller verloren hatte. Um 1710 ist endlich die neue Crew gekommen und ich gehe gleich einklarieren. Es ist Gerhard, der beim Bundeheer ist, mit seiner Frau Roswitha, dann noch Wolfgang, ein Richter mit seiner Frau Ulrike und die Schwester von Wolfgang, Brigitte die mit einem Freund Günther, ein Steuerberater gekommen ist. Noch mit der Crew „Duty free" eingekauft und um 1955 fahren wir noch bis in die „Zdrelac Enge" wo wir um 2110 den Anker setzen. Es ist etwas Wind aufgekommen und es wir Mitternacht bis wir in die Kojen kommen.

Ich war oberhalb von „Skradin" spazieren und habe von oben ein paar Fotos von der neuen Marina gemacht und mir auch den Friedhof angesehen, wo es immer sehr interessant ist, die Unterschiede der Friedhöfe zu bestaunen. Vor allem von dem Gräber, wo sogar hier deutlich zu sehen ist, daß selbst im Tot nicht alle gleich sind, speziell natürlich ihre Gedenkstätten und Gräber. Ich bin alleine am Boot und lasse im wahrsten Sinne des Wortes, die Seele baumeln, nach dem Motto: „The life is moments, and this is one" Ich fühle mich fast wie der „Jonathan Livingston Seagull" der in uns allen ist.

v.l.n.r. „Günther" (Hasi) Steuerberater, Roswitha, Ulrike, Gerhard vom Bundesheer, Brigitte und Wolfgang der „Richter" in Skradin

Die Crew kam um 1800 zurück und ich war dann noch am Abend mit Freunden unterwegs und wir waren in einem Lokal das erst fünf Tage offen hat und nur Einheimische kennen. *u.Marina Skradin*

155

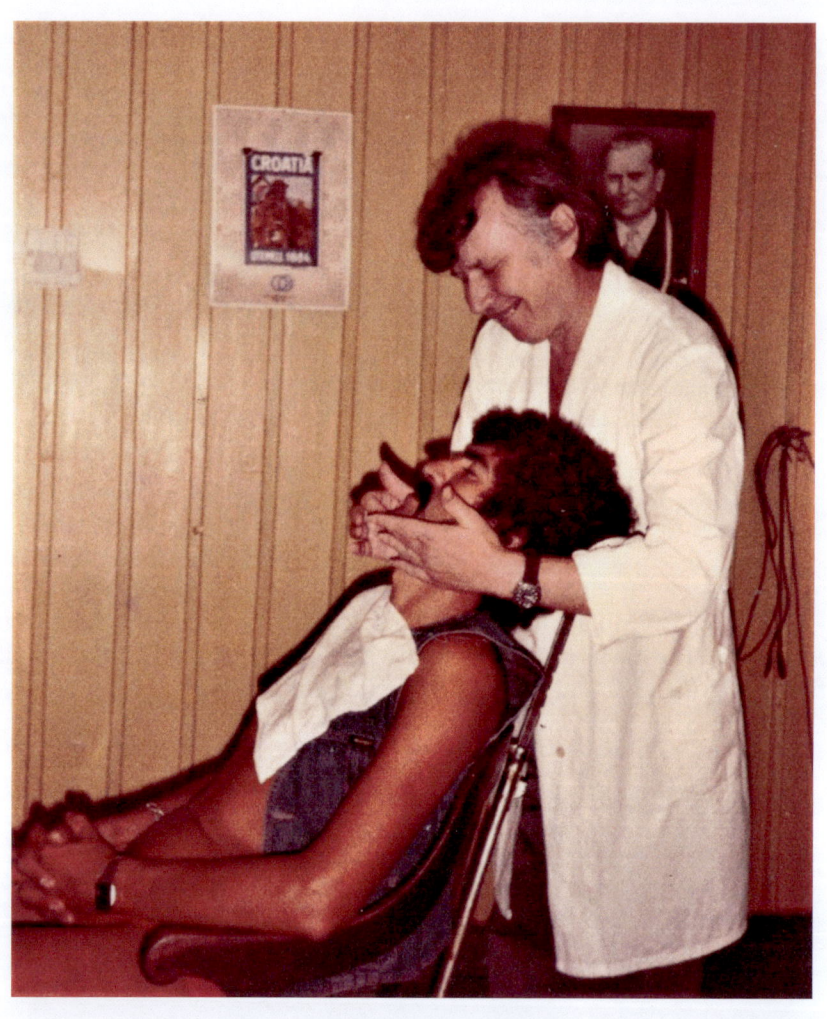

Bei „Joseph" dem Friseur lasse ich mich rasieren, wo hier noch
„Tito" sein Bild an der Wand hängt!

Am Mittwoch den 11. Juli 1984 habe ich Günther umsonst in
den Mast gezogen, denn es war nicht die Lampe vom Toplicht kaputt,

sondern der Stecker korrodiert. Wir legen um 1150 ab und fahren in Richtung Biograd und schaffen wieder mal 16 Sm unter Segel bis wir um 1720 in der Marina am Kopf der Mole anlegen. Ich kaufe 6 Liter Motoröl um 2.000 Dinar, wo ich nicht wie in Sibenik von den Leuten versucht wurde mich zu betrügen! Ich treffe mich mit Gabriele, Ricky und Walter und sehe auch noch Heimo und bin dann mit Gabriele noch in Zadar und bleibe dann die Nacht bei ihr im Zimmer und komme erst nachdem ich mit Gabriele noch frühstücken war, um 0730 am Donnerstag den 12. Juli 1984 morgens zurück an Bord.

Samstag der 14. Juli 1984 Wir legen um 0030 vom Hafen ab und gehen zurück nach Zadar, wo wir um 0905 in der Marina anlegen. Am Vormittag noch klar Schiff und die Crew hat mir noch drei Stangen Kent vom „Duty Free" gekauft und ich nehme Abschied für drei Wochen von der „Sourire" um mit Gabriele zurück nach Wien zu fahren.

15.Kapitel:

Mit neuer Crew zurück an Bord

Am Samstag den 4. August 1984 kommen wir nach einer dreiwöchigen Pause wieder zurück auf die „Sourire". In Spielfeld gab es fürchterlichen Stau und ich fuhr über das „Mureck" und es war der Verkehr aber trotzdem sehr dicht und wir kamen erst nach 11 Stunden Fahrzeit in der Marina Zadar an. Mit Gerda habe ich mal alles abgerechnet was noch offen war und dann Wasser gebunkert und die üblichen Wege mit einklarieren der Papiere kommen wir um 1430 noch von Zadar weg und gehen bis in die Zdrelac Enge wo wir um 1550 den Anker setzen. Nun ist wieder Gabriele mit an Bord, meine Exfreundin Silvia R. die schon mit dem „Tuk Tuk" 1983 einer „Elan F-606" mit mir unterwegs war, dann noch eine Freundin mit der ich kurz zusammen war, noch eine Silvia W. mit ihrem jetzigen Freund Rudi. Anzumerken ist, daß leider die Silvia W. im Frühjahr 2022 verstorben ist, so gesehen werden die Crewmitglieder immer weniger, die eventuell ein Buch kaufen würden!

Am Sonntage den 5. August 1984 ist es wieder ein sehr heißer Tag mit fast keinen Wind geworden und wir gehen um 1005 mit einem Kurs von 305° auf das Nord Ende der „Dugi Otok" wo wir uns um 1445 nach 27 Sm vor Anker legen. Ich bin unter das Boot getaucht da die Ruderführung einen Zentimeter Spiel hat und locker ist, dann zeigt auch noch das Echolot immer zwei Meter Tiefe an, ich habe alles kontrolliert aber keinen Erfolg erzielt. Auch das Schlauchboot verliert schnell Luft, es ist unglaublich wie mir Gerda die „Sourire" übergeben hat, als Eignerin sollte man sein Boot nicht so behandeln.

Mit Gabriele und Silvia R. sind wir für Sonnenuntergang zum „Veli Rat" gegangen während Silvia W. und Rudi an Bord geblieben sind. Da es totenstill ist und eine schöne Nacht, machen wir um 2315 noch eine Nachtfahrt und die beginnt nicht gerade gut, denn als wir Anker hochholen, laufe ich auf Grund, weil ich ja ohne Echolot nicht wußte, daß es dort so seicht war. Ich komme mit eigener Kraft nicht frei und muß einen Fischer mit seinem kleinen Boot ersuchen mich mit dem

Großfall etwas zu krängen um frei zu kommen, was auch sofort klappt. Ich bezahle ihnen 1.000 Dinar und gebe ihnen noch zwei Pakete Marlboro. Wir fahren bei starker Dünung mit Kurs 312° in Richtung „Losinj". Wir haben Wetterleuchten über dem Festland und am Montag den 6. August 1984 haben wir um 0300 „Grujica" auf 10° und „Susak" auf 310° Peilung und ich lege Kurs mit 330° an. Ich muß sogar noch mit „Neptun" sprechen, aber da ich nicht Seekrank werde, dürfte ich entweder das Erdäpfelgulasch oder die Sardinen nicht vertragen haben und mein Magen sie verweigert hatte.

Um 0555 lege ich als Erster nach 38 Sm an der Tankstelle von „Mali Losinj" an und tanke gleich insgesamt 70 Liter Diesel, davon 47 Liter in Tank und 23 Liter in Kanister um 4.500 Dinar. Auf der Fahrt ist um 0300 noch das Arbeitslicht ausgefallen, es hat einen Wackelkontakt. Rudi hatte die ganze Nacht starke Zahnschmerzen und wir fahren um 0630 durch den Hafen und ich setze mal Rudi aus, damit er zum Zahnarzt gehen kann und wir setzen mal im Hafen den Anker da kein Platz frei ist.

Boot von „Sladko" dem Hafenkapitän

Um 0850 nehme ich Rudi wieder auf und wir legen uns auf eine nun frei gewordene Boje und machen an der Mole fest. Rudi hat nun seinen Zahn gezogen bekommen und wir gehen Einkaufen und ich bekomme nun auch mein „Zertifikat" von „Sladko" dem Hafenkapitän.

Dienstag 7. August 1984 und ich kaufe neue Schotleinen und einen Blasbalg für das Schlauchboot, der alte ist total kaputt, leider bekomme ich keine Gasflasche zum Kaufen. Am Mittwoch den 8. August 1984 ziehe ich morgens Rudi in den Mast um die Lampe auszuwechseln und das Kabel hat kurzgeschlossen und nachdem ich die Sicherung gewechselt habe funktioniert auch das Topplicht wieder. Rudi macht mit meiner Kamera ein paar Fotos von oben von der „Sourire".

Rudi macht eine Aufnahme vom Mast runter.

Um 2300 haben wir ein starkes Gewitter über uns, der Wind hat mit Böen aus SE mit 8-9 Bft stark zugelegt und das Barometer ist auf 1007 hPc gefallen. Ich bin mal auf Ankerwache obwohl unser Anker, den ich sogar unter einem Segelmanöver gesetzt habe, mit der vollen Kette draußen, gut hält. Rund um uns herrscht Chaos, von den 20 -30

160

Booten in der Bucht, lagen noch fünf Boote am selben Platz, der Rest fährt „kreuz und quer" durch die Bucht und graben sich gegenseitig wieder die Anker aus. Bei uns hält sich der Schaden in Grenzen, denn es dürfte wie viele Dinge von Gerda und ihrer Crew, das Segel vom Windsurfer nicht gut aufgerollt worden sein, denn wir haben es ja nicht gebraucht, somit hat es der Sturm rausgezogen und zerfetzt. Die Österreich Flagge und mein Clubstander mit dem „Key of life" sind stark in Mitleidenschaft gezogen worden.

Das Segel wurde von der letzten Crew nicht gut klariert und der Wind hat es aufgerollt und zerrissen.

Um 0030 am Freitag den 10. August 1984 ist das Barometer wieder auf 1010 hPc gestiegen und die Gewitter sind nur noch in der Ferne zu sehen. Wir haben die Nacht gut überstanden, nur Rudi ist in etwas schlechter Stimmung, es dürfte Streit mit seiner Silvia W. gegeben haben und ihre Stimmung hält noch sehr „eisig" an. Um 1000 gehen wir bei starker Bewölkung mit Motor in Richtung Süd.

Leider wurde auch die Clubflagge in Mitleidenschaft gezogen

Ohne Probleme und Wind schaffen wir die 39 Sm bis Biograd, wo wir um 1700 im Hafen röm.kat. anlegen. Da nun Silvia W. sogar aussteigen will, mache ich eine Crewbesprechung und finde heraus, daß es schon von Wien aus bei Beiden etwas Probleme gab. Nun jedenfalls nach dem besprechen kommt alles mal soweit wieder ins „Lot" und wir können mal auf ein Abendessen gehen und ich kann sogar eine Gasflasche kaufen. Nach Landurlaub soweit wieder gutes feeling an Bord und alles in Ordnung.

Am Samstag den 11. August 1984 gehen die Mädchen zum Friseur und um 1415 gehen wir ab und können sogar 6 Sm segeln und machen um 1640 einen Badestopp auf „Vrgada" wo ich mit Gabriele einen Landspaziergang mache. Es ist voll bewölkt aber warm und kein Wind, somit machen wir um 2100 eine Nachtfahrt und gehen mit Kurs 125° nach Süden. Nun hat leider Silvia R. etwas Probleme, weil ich ja jetzt mit Gabriele zusammen bin und nicht mehr mit ihr und sie weint sich bei Gabriele aus, es ist nicht leicht da als Skipper unparteiisch zu sein.

Gabriele war beim Friseur

Es ist bereits Sonntag der 12. August 1984 al wir um 0010 den „Rt.Jadrija" passieren der an BB steht und wir dann die „Krka" hochfahren. Es ist natürlich kein Marinaio in der Marina um uns zu helfen, als ich in einen Platz einfahren will, gibt es dort aber keine Muring. Es ist fürchterlich, entweder schwimmen die Muring an der Oberfläche und man muß aufpassen sich keine in den Propeller zu fahren, oder sie sind nach hinten auf einen Poller belegt und man kann sie nicht hochholen. Ich gehe auf die andere Seite wo ich anlegen kann, was wir um 0215 auch schaffen, aber wie üblich gibt es dort keinen Wasseranschluß!

Übertrag vom Logbuch Nr.1 der „Sourire“

Bordtage vom 2. Juni 1984 bis 11. August 1984

Motorbetriebsstunden 180,5 h

Seemeilen unter Motor	***1050 Sm***
Seemeilen unter Segel	***290 Sm***
Seemeilen gesamt	***1340 Sm***

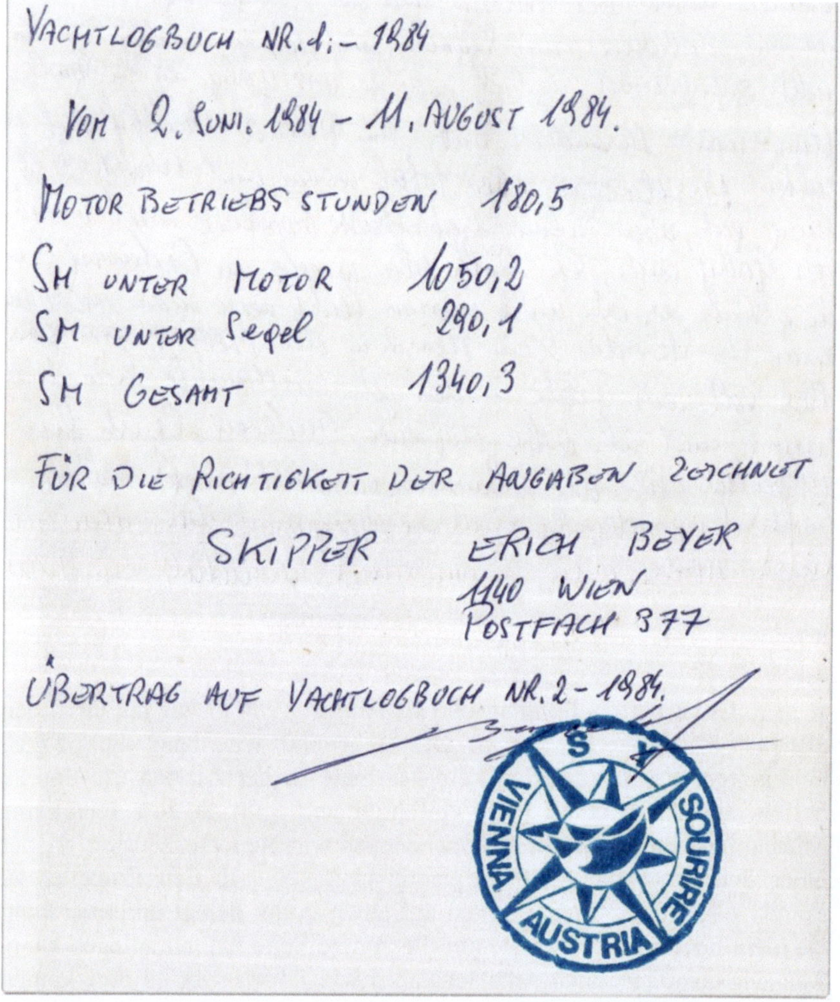

YACHTLOGBUCH NR. 1: - 1984

VOM 2. JUNI. 1984 - 11. AUGUST 1984.

MOTOR BETRIEBS STUNDEN 180,5

SM UNTER MOTOR 1050,2

SM UNTER Segel 290,1

SM GESAMT 1340,3

FÜR DIE RICHTIGKEIT DER ANGABEN ZEICHNET

SKIPPER ERICH BEYER

1140 WIEN

POSTFACH 377

ÜBERTRAG AUF YACHTLOGBUCH NR. 2 - 1984.

S Y

VIENNA SOURIRE

AUSTRIA

Der Sonntag der 12. August 1984 beginnt mit halber Bewölkung bei 1011 hPc und leichten W mit 1-2 Bft und wir legen uns auf die andere Seite an die Mole um endlich auch Wasser zu bunkern. Bei diesem Manöver bekomme ich gleich zwei Muring in den Propeller, da ich es sofort sehe, habe ich kein Problem und da Rudi für mich in das brackige Wasser der Marine geht, erspare ich mir das runter Tauchen. Mit kurzen einlegen des retour Ganges bekomme ich die Muring sofort wieder frei.

Bei Mate im Weinkeller, rechts Rudi und Silvia

Am Dienstag den 14. August 1984 legen sich am Morgen wieder zwei Touristendschangler neben uns und es geht natürlich auf den „Affenkäfigen" sehr laut zu und wir gehen nach etwas schwimmen um 1150 mit einem Kurs von 132° von Zirje ab. Wir haben fast keinen Wind und den genau gegen uns, erst um 1530 kommt etwas Mistral auf aber relativ starke Dünung und wir setzen nach 21 Sm beim „Murvica" die Genua und das Groß und fahren „Schmetterling" also „Blatt vor dem Wind" nur ist die Dünung nur unangenehm und wir drücken nach 7 Sm wieder auf den Motor. Um 1920 haben wir das West Ende von „Hvar" mit dem „Rt.Pelegrin" an BB und wir gehen nach 18 Sm in den Hafen von „Hvar" rein. IM Hafen liegen die Boote dicht aneinander, so viele Boote habe ich hier noch nie gesehen und ich kann gerade Südöstlichen Teil im Hafen vor Anker gehen.

„Schmetterling" oder auch „Blatt vor dem Wind" genannt

Wir gehen am Abend in die Disco auf der Festung und Dank des Disco Busses der als „Shuttle" rauffährt, ersparen wir und den steilen Weg zur Burg rauf.

Es ist bereits Mittwoch der 15. August 1984 als wir um 0100 wieder an Bord kommen. Wie üblich ist starker Schwell im Hafen und wir trinken noch einen Cafe und die Crew ist schon ziemlich müde. Der Tag ist als „schwarzer" Tag für mich und die „Sourire" zu bezeichnen, schon als Rudi mit Silvia zum Einkaufen rudern, werden sie mit dem starken Schwell im Hafen schon etwas naß, und natürlich haben sie kein Gas bekommen. Wir haben WSW mit 4 Bft aber auch einen Seegang im Hafen von 4-5 bei 1010 hPc und voller Bewölkung.

Um 1030 gehen wir Anker auf und ich will aus dem Hafen fahren als ich auf einmal keinen Schub mehr habe, keine Fahrt im Boot und der Propeller dreht sich nicht mehr, also etwas am Getriebe passiert. Da wir auf und ab schwellen, und durch den Hafen treiben, muß ich schnell nochmals den Anker fallenlassen. Nur werde ich dann nach achtern abgetrieben und mit unserer STB Seite auf die „SY.Anduz" eine „Comet 910" gedrückt, wir bringen zwar schnell die Fender an STB aus, nur muß ich mehr Kette geben und wir kommen achterlich von der „Anduz" zum Liegen, da weiter an achtern schon das nächste Boot liegt. Durch den starken Schwell gehen wir über einen Meter auf und ab und dabei kracht unser Bugkorb voll auf die Reling der „Anduz" und ich schaue, daß ja niemand versucht die „Anduz" wegzuhalten, denn bei dieser Aktion würde man sicher die Hände abgequetscht bekommen, und das ist sicher nicht so leicht zu reparieren wie der Bugkorb.

Leider ist nun die Kette genau unter dem Rumpf der „Anduz" und wir können dadurch auch unseren Anker nicht mehr hochholen um weiter in den Hafen zu kommen. Es kommt uns ein Motorboot zu Hilfe, nur genau kann ich die Aktion nicht mehr beschreiben, und wer uns geholfen hat, aber ich muß meinen Anker ab schäkeln und die Kette an einen Fender befestigen um ihn dann später wieder holen zu können. Da ich von dem Boot weiter in den Hafen geschleppt werde, setze ich dort unseren zweiten Anker der zum Glück gut hält, warum es so ist wird sich erst später zeigen. Obwohl an der „Anduz" kein sichtbarer Schaden ist, tauschen wir unsere Versicherungsdaten aus und dann schaue ich mir mal unser Getriebeproblem an.

Die vier Bolzen vom Wellenflansch die von „Niki" falsch eingebaut wurden und rausgefallen sind, und somit kein Antrieb mehr.

Als erstes sehe ich mal, das Schaltseil ist von der Wippe der Schaltklaue raus gegangen, anscheinend hat ein Idiot und Pfuscher das Schaltseil ohne einen Sicherungssplint eingebaut worden, wie so vieles was an der „Sourire" schon verpfuscht worden ist. Rudi und Silvia holen einstweilen unseren Anker, der ja noch am Fender hängt mit dem Schlauchboot wieder und ich lasse ihn gleich wieder weiter vor uns ausbringen um wenigstens mal wieder sicher an den Ankern zu hängen.

Nun als ich den Gang mit der Hand auf der Schaltklaue einlege, dreht sich zwar das Getriebe, aber nicht die Welle! Als ich weiter in der Motobilge runter krieche sehe ich, daß wie ich später dann erfahren habe, wieder mal „Niki" der Freund von Gerda einen vollen „Pfusch" gemacht hat, Niki hat die Bolzen vom Wellenflansch verkehrt eingebaut und alle vier Bolzen liegen in der Bilge und somit hat der Wellenflansch keine Verbindung mehr mit dem Getriebe. Schade daß Niki nicht hier ist, wo ich meine Wut und Frust an ihm abreagieren könnte.

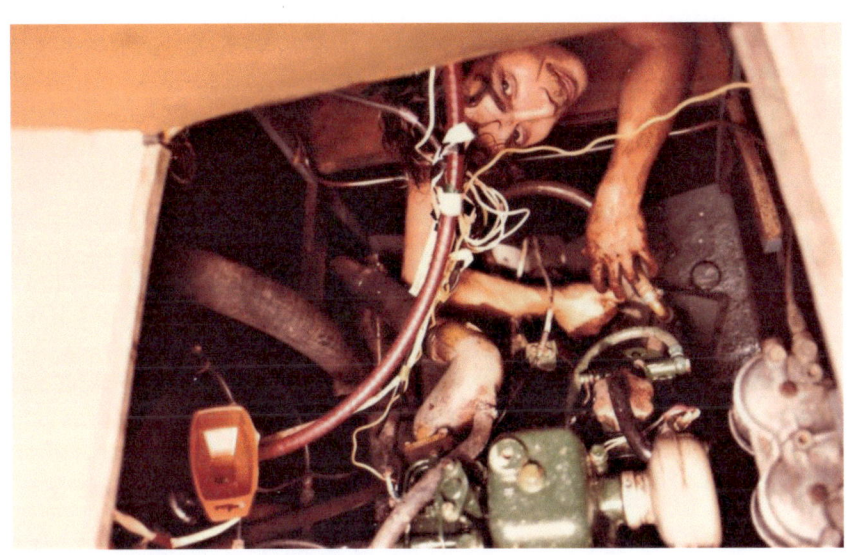

Rudi hilft mir auch im Motorraum

Bei dieser Aktion habe ich mir mal den Rist vom rechten Fuß verletzt. Auch Rudi hat sich auf der Fuß Sohle verletzt und nachdem ich die Schrauben wieder im Flansch habe und die Bolzen festgezogen habe, dreht sich auch unser Propeller wieder. Mit Rudi repariere ich unseren Bugkorb der sich ausgehängt hat, und wir ihn komplett mal demontieren müssen um ihn wieder in die Halterungen der Stützen einzubauen und ich muß alle Kabel neu einziehen, die bei dieser Aktion abgerissen wurden um wieder unsere Positionsleuchten zu aktivieren, wo ja die BB Rot und STB Grüne Positionslampe am Bugkorb montiert ist. Wir brauchen dazu mal sechs Stunden bis wir wieder alles montiert und repariert haben.

Nun bekommen wir als „Draufgabe" den Grund geliefert, warum der zweite Anker so gut gehalten hat, er hat sich in 10 m Tiefe hinter einer alten Ankerkette die am Grund liegt verhakt. Rudi versucht mit einem Seil und einen kleinen Faltanker vom Schlauchboot aus dem Anker frei zu bekommen, aber er hat keinen Erfolg. Ich bin zwar schon von den heutigen Aktionen in dem starken Schwell auch schon etwas „fertig" aber da ich sicher nicht den zweiten Anker der ja auch nicht gerade billig ist zurücklassen will.

Da ich auch hartnäckig bin, gehe ich ins Wasser und mit der Tauchermaske, lege ich mich flach aufs Wasser, und versuche mit dem Faltanker, mich in den zweiten Anker einzufädeln, was mir nach einer halben Stunde auch gelingt und wir denn zweiten Anker an Bord holen können. Dann allerdings passiert etwas, was ich immer meinen Crews sage und eintrichtere, sie sollen mit nassen Füßen aufpassen. Nur bin ich heute ja schon am „Ende" und somit rutsche ich, als ich mit einem Fuß schon am Niedergang stehe und mit dem anderen noch im Cockpit mit den nassen Füßen aus und falle mit meinem vollen Gewicht in meinen „Schritt" und auf meine „Hoden". Ich glaube augenblicklich zu sterben und ich fühle fast jetzt noch den Schmerz.

Nachdem ich mich etwas erholt habe und halbwegs wieder gehen kann, fahren wir um 2000 noch aus dem Hafen und gehen gegenüber zu der Inselgruppe „Sv.Klement" wo wir uns in die „U.Palmizana" um 2023 an eine Mole der halbfertigen Marina legen die hier gebaut wird. Wie fast überall in Jugoslawien bauen sie in jede sichere Bucht nun eine Marina rein, damit man nirgends mehr gratis Ankern kann und bezahlen muß. Silvia W. ist schlecht geworden und wir gehen nur zu viert essen zu meiner Freundin Dagmar die Malerin die oben ein Restaurant besitzt und man dort gut essen kann. Mir tut alles weh und nach einer Nacht und Tag mit dem starken Schwell sind wir froh endlich wieder mal ruhig zu liegen und „fallen" in die Kojen.

Die Nacht vom Freitag den 17. August 1984 blieb ruhig, nur leider sind jetzt Rudi und Silvia W. voll auf „Kriegsfuß" und Silvia W. bestand darauf sofort auszusteigen und ist von niemanden zu besänftigen, also bleibt mir nichts anderes übrig als sie beim Hafenkapitän auszuklarieren und aus der Crewliste streichen zu lassen. Ich muß mir sogar noch von Silvia R. Geld leihen, da ich zu wenig in Schilling habe um Silvia W. noch 1.000 Schilling leihen zu können, da sie zu wenig Geld hat. Wir gehen zur Tankstelle und tanken 46 Liter Diesel um 3.000 Dinar und die Mädchen gehen einkaufen.

In „Korcula" ein Blick vom Geburtshaus von „Marco Polo"

Rudi hat es geschafft eine Gasflasche aufzutreiben und ich habe mir noch Dieselcoupons besorgt. Wir legen uns nach dieser Aufregung vor „Plic Kriz" um 1345 vor Anker und um uns etwas abzukühlen. Da aber die Gasflasche nicht paßt und gerade Mittagspause ist, lassen wir Rudi an der Mole in Korcula aussteigen und legen uns nochmals vor „Plic Kriz" vor Anker um auf ihn zu warten. Ein Italiener hat meinen Anker überlegt und wir brauchen eine halbe Stunde um ihn wieder frei zu bekommen. Um 1510 machen wir nochmals in Korcula fest und nach einer halben Stunde kommt Rudi wieder, er hat es nun geschafft die richtige Gasflasche um 400.- Dinar zu bekommen.

Nun ist aber auch Silvia W. an die Mole gekommen und fängt an mit Rudi zum Reden, wir beobachten die Situation und nachdem sie über eine Stunde geredet haben, will Silvia W. doch wieder an Bord zu kommen und mit uns weiterfahren. Nun kann ich nochmals zum Hafenkapitän und mit kleineren Schwierigkeiten kann ich die Situation erklären und er macht mir einen neuerlichen Eintrag in die Crewliste und somit ist die Crew wieder komplett. Im Süden von Korcula ist ein Waldbrand und die Rußflankerln und Asche fallen über die Stadt und auf unser Deck und wir sind wieder voll dreckig. Um 1640 gehen wir ab und dampfen gegen Mistral mit 3 Bft gegen an nach „Peljesac" wo wir uns nach 10 Sm in die Bucht vor „Mirce" um 1810 vor Anker legen. Nach diesem Tag mit vollen Überraschungen köchelt Gabriele einen „Kaiserschmarrn" und ich bin wirklich froh, daß ich sie habe und die Mannschaft wieder komplett ist.

Am Samstag den 18. August sind wir auf „Scedro" in der „U.Borova" und setzen um 1550 den Anker. Als wir uns entschließen über Nacht zu bleiben, lege ich mich nochmals um und gebe auch eine Landfeste an einen Baum. Gabriele und ich machen einen Landspaziergang um wieder mal alleine zu sein, was dann nach uns auch Silvia W. und Rudi machen und die Insel erforschen. Die Nacht ist super und um 2130 ist fast kein Wind mehr bei 1017 hPc. Um 2300 gibt es einen fürchterlichen Lärm am Ufer, er hört sich fast unheimlich an, es dürften zwei Wildkatzen sein die dort in den Gebüschen kämpfen, zu sehen ist aber nichts.

Am Morgen des 20. August 1984 höre ich am Funk eine Sturmwarnung und wir bleiben mal für Baden und Relaxen in der Bucht liegen, aber wie immer, wenn ich eine Warnung bekomme, tut sich nichts und den ganzen Tag haben wir gerade leichten NW mit 2 Bft.

Grill in der Ruine in „Brac" in der „U.Stipanska"

Um 1630 gehen wir los und fahren mit einem Kurs von 003° in Richtung „Split" und gleich um die Huk beim „Rt.Gomilica" setzen wir die Segel aber wir kommen nur etwas zwei Seemeilen weit, denn um 1725 gibt ein Motorboot ein Hilfezeichen und wir bergen die Segel und nehmen das Motorboot mit dem Kennzeichen „3-JL-430" in Schlepp. Obwohl wir dort gar nicht hin wollten, schleppe ich sie nach „Sutivan" auf der Nord Seite von „Brac" in den Hafen rein wo wir um 1815 nach drei Seemeilen schleppen, anlegen. Wir gehen mit der Besatzung noch auf einen Cafe und die Crew versucht noch zum Einkaufen währen ich aber am Boot bleibe, da unter Wasser an der Mole ein Steinsockel vorspringt und ich lieber sehe wie weit wir noch sinken. Um 1940 starten wir zu einer Nachtfahrt und setzen die Segel mit NE Wind um die 3 Bft, allerdings relativ starke Dünung mit Kurs 288°.

Gabriele setzt mit Rudi um 2125 die Fock um das Schlagen der Genua zu vermeiden und wir haben 2145 das Leuchtfeuer „Galera" in Peilung 320° voraus und wir gehen mit Kurs 320° weiter. Leider ist Gabriele schlecht geworden und spricht mit „Neptun". Da auch Silvia schlecht geworden ist, was eventuell an der „Wurst" gelegen haben, und ich allen durch die Dünung schon „Lifebelts" anlegen ließ und ich „Murvica" genau auf unseren Kurs mit 270° klar voraus habe, drehe ich nach 17 Sm mit Segel um 2245 ab und steuere den Hafen von „Drvenik V." an. Die Hafenansteuerung ist aber nicht zu sehen, aber es ist total ruhig im Hafen und ich lege mich genau vor der Fähre röm.kat. an die Mole. Wir haben noch einen Tee getrunken und um Mitternacht haben wir 20° bei 1018 hPc und ich hoffe, daß die Nacht so ruhig bleibt.

Mit Blitzlicht die „Sourire" in der „U.Stipanska" fotografiert

Am Dienstag den 21. August 1984 weckt mich um 0600 bereits die Fähre auf und dann noch ein Motorboot das seinen Motor laufen läßt während sie Sand einladen. Trotz Lärm vom Motor und Staub war es wenigsten in der Nacht ruhig.

174

Es gibt sich aber dann als wir in die Bucht von „Rogoznica" einlaufen, wo wir nach 15 Sm um 1930 anlegen wollen. Leider geht mal das Erste Anlegemanöver fast in die „Hose" denn es sind keine Festmacher hergerichtet und ich muß das Manöver nochmals fahren. Nur es ist diesmal ganz alleine meine Schuld, denn ich hätte vorher selber alles checken sollen ob alles fertig ist und mich nicht auf die Crew verlassen sollen. Wie steht schon in einem lustigen Segelbuch, wo die Crew beschrieben ist: „Die Crew sind schwere unbewegliche Gegenstände, die dazu dienen die Fender auszubringen und die Ecken von Seekarten festzuhalten" Nun so hart würde ich sie nicht beschreiben, obwohl es vielleicht teilweise stimmt. Ich muß dann nochmals ein Anlegemanöver fahren, denn ein Deutscher hat seinen Anker, obwohl er an meiner BB-Seite ist, seinen Anker nicht gerade voraus, sondern weit nach STB gelegt hat und ich dadurch über seinen Anker war. Es ist unglaublich welche unfähigen Idioten hier herumfahren. Es ist relativ viel Wind von der Seite und ich bringe noch eine Springleine aus und liege jetzt gut. Es dauert nicht lange und schon taucht ein Mann auf der 400.- Dinar Hafengebühr kassiert, die Abzocke in Jugoslawien wird immer mehr, auch wenn einem nichts geboten wird.

Leider ist bei Silvia W. das Interesse am Boot noch weiter zurück gegangen, sie hilft nirgends mit und ist als Erste fertig zum Ausgehen an der Mole. Ich sage aber nichts mehr, denn sonst muß ich mir wieder anhören, daß sie im Urlaub ist, nur wäre sie auf einen „Affenkäfig" mit „all inklusiv" Urlaub wahrscheinlich besser aufgehoben! Rudi bemüht sich und ist auf „Zack", wenn manchmal auch ein wenig hektisch. Ich habe unseren Anker noch zweimal dicht geholt bis er wieder gehalten hat. Rudi und Silvia W. sind kurz wieder beim Boot gewesen und ich sage ihnen, daß ich eventuell den Anker nochmals setzen muß, falls er nicht hält.

Es ist nun 0030 am Mittwoch den 22. August 1984 und fast drei Stunden später aber Silvia und Rudi sind noch nicht zurück, allmählich mache ich mir Sorgen. Schon als ich mich bereit machte um sie suchen zu gehen, kamen sie aber zurück. Am Morgen waren Gabriele und Silvia R. am Berg um Fotos zu machen und besuchten auch das Heimatmuseum, daß von „Napoleon" einen alten

175

Kriegsveteranen der schon in der österreichischen K&K Marine gedient hat, auf privater Basis betrieben wird.

Bei „Napoleon" im Heimatmuseum von „Rogoznica"

Es ist nun 0030 am Mittwoch den 22. August 1984 und fast drei Stunden später aber Silvia und Rudi sind noch nicht zurück, allmählich mache ich mir Sorgen. Schon als ich mich bereit machte um sie suchen zu gehen, kamen sie aber zurück.

Erich, Wlasta, hinten Gabriele, Andre und Silvia W. in „Skradin"

Wir machen einen schönen Grill auf der Insel „Borovnjak" mit guten feeling und die Insel wo ich einen schönen Kamin und Grillplatz eingerichtet habe, wurde in den späteren Jahren mit meiner „Key of life" und dann mit der „Manuda" noch oft angelaufen. Es gibt viele Geschichten darüber warum sie dann auch „Ratteninsel" von mir genannt wurde, was in meinen späteren Büchern gerne nachzulesen ist.

https://www.bod.de/buchshop/catalogsearch/result/?q=Erich+Beyer

Und nun kommt auch die Erklärung, warum ich diese Insel „Mali Borovnjak" (Ratteninsel) genannt habe. Auf dieser kleinen Insel Leben hinter unseren „Kamin" den ich zum Grillen benutze auch eine „Rattenkolonie" und die bekommt immer nach dem Grillen, die Knochen von unserem Grill, was die natürlich auch immer sehr gerne abholen, und ich konnte sie auch schon ein paarmal dabei beobachten.

Es wird bereits Freitag der 24. August 1984 und Andre mit Wlasta ist noch an Bord der „Sourire" gekommen auf Cafe und Umtrunk und es ist bereits 0300 früh bis wir in die Kojen kommen. Um 1745 legen wir nach 31 Sm unter Segel in der Marina Zadar am Kopf der Mole an und kurz darauf haben wir das Gewitter über uns. Wir gehen ins „Marco Polo" zu meiner Freundin „Eda" essen und ich werde sogar von der Crew eingeladen. Obwohl es in Strömen regnet und Gewitter, ist gutes feeling an Bord und die Crew packt schon teilweise ein.

Beim Skipper Dinner im „Marco Polo" in Zadar, v.l.n.r. Silvia W.
Skipper Erich, Gabriele und Silvia R.

Am Samstag den 25. August 1984 springt mein Mazda sofort an, nur Silvia R. hat etwas Probleme aber können dann nach Österreich zurückfahren.

16. Kapitel
Die nächste Crew

Die neue Crew kommt um 1100 an, es ist Robert mit Freundin Birgit und sein Freund Reinhard mit seiner Freundin Ruth. Robert hat später meine Wohnung im 14., Bezirk in Wien in der Hütteldorferstraße gekauft, allerdings mit vielen Problemen bis alles bezahlt war und inzwischen sich seine zwei „Afghanen" Hunde, sich durch meinen sündteuren „lila" Hochflor Teppich gegraben haben. Diese Aktionen beim Wohnungsverkauf würden alleine schon ein Buch füllen, leider wußte ich zu diesem Zeitpunkt nicht, daß er ein „Junkie" war und voll auf „Heroin" aber das er ein Zuhälter war, wußte ich schon und Birgit seine „Einnahmequelle" war.

Ich kann das jetzt alles so schreiben, da es ja schon viele Jahre her ist, und er später einen Bankraub machte und dabei seine Jacke auf der Flucht verlor, dort aber eine Rechnung von einem Nachtclub drinnen war und er sofort geschnappt wurde. Er lebt bereits lange nicht mehr und seine Freundin „Birgit" auch nicht mehr, sie hat sich den „goldenen Schuß" gesetzt. Nach den üblichen Wegen für Crewliste und einklarieren laufen wir um 1310 noch aus und legen uns nach 8 Sm in der „Zdrelac Enge" um 1425 vor Anker.

Am Montag den 27. August 1984 haben Robert und Birgit bis 0300 in der Früh rumort und waren um 0700 schon wieder auf. Was ich da noch nicht wußte, es waren die ersten Anzeichen vom Heroinentzug die sie nicht schlafen läßt. Heute morgen ist noch das Gas aus und ich hoffe welches zu bekommen. Ich bringe die Crew mit dem Außenborder von Mate zu den Wasserfällen rauf. Als ich dann mit Gabriele einstweilen in eine Bucht fahre, ist mein „Scherstift" ab und ich muß den Propeller abmontieren und zwei Fischer die in der Nähe sind helfen mir dabei. Um 1800 hole ich dann meine Crew wieder ab und am Abend sind wir bei Mate im Weinkeller und dann noch in der Marine mit zwei Wiener Pärchen weiter getrunken und Robert war ganz schon „dicht". Mit Gabriele sitzen wir dann noch mit Freunden aus Skradin bei Gitarrenspiel und guten feeling zusammen.

Die Stimmung ist zwischen der Crew trotzdem sie Freunde sind nicht besonders gut, ich hoffe es bessert sich, nur Birgit und Ruth finden keine Gemeinsamkeiten mit dem Bordleben. Wir gehen bis zur „Ratteninsel" und setzen um 1925 nach 23 Sm den Anker in der „U.Potkucina". Da es relativ kühl und windig ist, verzichte ich auf einen Grill auf der Insel, weil ich sicher kein Feuer riskieren will und machen die Koteletts an Bord die trotzdem gut schmecken. In der Nacht dreht dann der Wind noch auf Ost.

Ruth und Reinhard bekommen auch mit Robert Probleme.

Robert und Birgit machten noch viele Probleme

Am Donnerstag den 30. August 1984 wieder ein hektischer morgen, Robert spürt seinen „Entzug" und will wieder mal nach Hause schwimmen, weil er in der Nacht nicht schlafen kann und in der „Bugkoje" auf einmal Platzsangst bekommt, aber dafür immer am Tag schläft! Es dürfte nicht nur der „Entzug", sondern ein „Bootskoller" sein. Wir gehen um 1130 ab und nach 29 Sm legen wir um 1630 bereits in der Marina Zadar an. Ich gehe die Crew ausklarieren und um 1730 sind sie schon am Weg zurück nach Wien. Das Boot wurde in einem saumäßigen Zustand zurückgelassen.

17.Kapitel:
Eine Woche alleine vor nächster Crew

Am Freitag den 31. August 1984 sind unsere Gäste schon sehr früh aufgestanden und verabschieden sich bereits um0700 von uns. Wir frühstücken aber erst spät und nach Wasser bunkern fahren wir um 1125 von der Marina ab, wir sind mal für eine Woche wieder alleine und legen uns um 1245 in die Zdrelac Enge nach den 8 Sm vor Anker. Wir machen mal klar Schiff und ich checke die Schaltung und fülle einen ½ Liter Motoröl nach und auch 1/8 Getriebeöl nachgefüllt und Batteriewasser ist in Ordnung. Ich zerlege nochmals die Süßwasserpumpe, die noch immer tröpfelt, kann aber nichts finden und habe bald keine Nerven mehr um sie nochmals zu zerlegen. Damit der Wasserschlauch nicht auf der Schaltung anliegt, habe ich ihn mit einem Tape hochgebunden. Der Flansch von der Welle ist auch noch fest und obwohl wir den ganzen Tag gearbeitet haben, war der Tag zu zweit doch erholsamer als die Woche mit der letzten Crew.

Salon wird auch gereinigt, sowie die Kombüse

Es ist zwar schön wieder alleine zu sein, aber wenn wir Gäste hätten käme auch Geld ins Haus und die Saison könnte noch länger dauern. Am Samstag den 1. September 1984 fahren wir bereits um 0845 ab und frühstücken auf der Fahrt und legen um 1000 in der Marina Zadar an. Ich habe mit Gerda telefoniert und ich muß Niki seine Schlüssel, die er an Bord vergessen hatte, nach Österreich schicken. Ich muß jede Menge an Formularen ausfüllen und kann nur hoffen, daß sie auch in Österreich ankommen. Ich zerlege nochmals die Süßwasserpumpe die zwar Luftdicht ist, aber das Wasser durchläßt was für mich ja physikalisch nicht erklärbar ist.

In der Achterkabine wird über die „Notpinne" der Autopilot angesteuert, etwas umständlich aber es funktioniert.

Am Montag den 3. September 1984 Wir gehen baden und waschen uns den Kopf mit dem Spezial Mittel, das auch im Salzwasser super schäumt, es heißt, soweit ich mich erinnern kann, „Nautilus" und das witzige daran ist, man kann auch das Boot reinigen und sogar damit „Teerflecken" entfernen, also wie weit es für die Kopfhaut wirklich gut ist, kann man nicht genau sagen. Um 1710 fahren wir weiter und es ist lau und kein Wind mit einem super Sonnenuntergang den ich für ein paar Fotos mit Gabriele als Silhouette nütze.

Die Silhouette von „Gabriele" bei Sonnenuntergang

Am Dienstag den 4. September 1984 haben wir in „Sibenik" für Gabriele noch Schuhe gekauft und um 1140 legen wir ab und setzen noch vor der Brücke die Segel und segeln die 7 Sm die ganze Krka hinauf und legen um 1405 in der Marina in Skradin an. Gabriele hat meine Silberketten geputzt und es kommt Djoko mit unseren Freund „Imbra" von der Konditorei auf einen Trink an Bord.

In „Skradin" v.l.n.r. Vorne links „Imbra" von der Konditorei, hinter ihm „Bob" dann Gabriele und Djoko und Jakov der „Filigran".

Wir legen einen Ruhetag ein und unser Freund „Jakov" der das „Filigran" Geschäft hat, putzt nochmals meine Kette professionell. „Jakov" ist eher sehr kleinwüchsig, fast genetisch bedingt, ein „Zwerg" und er hat mir dann auch meinen dicken großen „Key of life" aus Silber geschnitten. Ich habe vor seinem Geschäft unsere ganze Bande mit Freunden fotografiert.

Am Freitag den 7. September 1984 bezahle ich am Morgen die Marina und bekomme vom Chef sogar Prozente, ich muß statt drei Tage nur für einen bezahlen. Um 1325 fahren wir die Krka runter und im unteren Teil schleppe ich noch ein kleines Fischerboot bis zur Brücke, dem der Motor ausgefallen ist. (SB 1848)

185

18. Kapitel:
Noch eine Crew

Wir haben ruhigen Tag und als ich vor Biograd die Positionslichter einschalte, muß ich das BB-Licht reparieren, es ist durch Korrosion ausgefallen. Um 2125 legen wir uns nach 45 Sm in der „Zdrelac Enge" Es gibt Koteletts zum Abendessen und leider muß ich feststellen, daß mir nach dem Besuch unserer „Freunde" in Skradin an Bord, zwei Musikkassetten fehlen. Am Abend haben wir das Phänomen von einem „Mondring" bei Windstille haben wir 1017 hPc.

Am Samstag den 8. September 1984 fahren wir um 0820 mit Autopilot nach Zadar und frühstücken unterwegs um nach 7 Sm in Zadar Marina um 0940 anzulegen. In Zadar habe ich über eine Stunde telefoniert, Leopold der Caféhaus Chef in unserem Haus und Werner, der die Wohnung neben mir gekauft hat, sind um 0400 früh abgefahren. Dann muß ich den Kundendienst anrufen, da Gerda im Spital ist. Gabriele hat klar Schiff gemacht und ich habe endlich auch mal Gustav erreicht. Leopold ist mit Werner um 1200 angekommen und etwas später auch der Rest der Crew, es sind Leute die ich noch nicht kenne und von Gerda gebucht wurden. Es ist Wilhelm mit seiner Frau Christine und Gerhard mit seiner Frau Gerlinde. Die üblichen Wege mit einklarieren und Crewliste machen und um 1600 fahren wir noch ab in die „Zdrelac Enge" wo wir nach 7 Sm um 1705 den Anker setzen und alle noch zum Schwimmen kommen. Um 1910 fahren wir nach einer Jause noch ab nach „Biograd" und das BB Licht ist schon wieder ausgefallen, wir legen nach 10 Sm um 2105 in der Marina Biograd an wo wir noch essen gehen. Gerhard hat Geburtstag und zahlt eine „Runde" und dann hat Werner im Cafe die Glocke geläutet was ihm auch eine Runde gekostet hat, und wir haben gute Stimmung an Bord.

Am Sonntag den 9. September 1984 nach einer relativ kurzen Nacht, etwas Regen der aber bald aufhört. Leider hat Wilhelm etwas Probleme in der Bugkoje, (Klaustrophobie?) und ich hoffe es in den Griff zu bekommen, da er nicht schlafen konnte und wir müssen eine Lösung finden. Um 1015 gehen wir ab bis nach „Vrgada" wo wir um 1130 den Ankersetzen und die Crew mal schwimmen und Windsurfen kann. Ich fülle einstweilen aus dem Kanister 23 Liter Diesel nach und repariere wieder das BB-Licht, was für mich eines der blödesten Patente ist die es gibt. Im Augenblick ist wieder gute Stimmung an Bord, ich hoffe es bleibt so und alles bleibt an Bord. Denn es wir durch das Schnarchen von Leopold sehr laut in der Nacht und somit hat eigentlich jeder ein Problem zum Schlafen. Wir machen eine Nachtfahrt die „Krka" rauf, wo wir um 2220 in der Marina Skradin nach 27 Sm festmachen. Es war eine schöne Fahrt bei Windstille und Vollmond mit super feeling. In der Marina übergibt uns der Chef persönlich die Muring und auch Mate ist uns schon entgegengekommen. Wir waren noch Essen und bekommen sogar ein paar Austern zum Verkosten. Wir gehen dann noch auf einen Trink in die Pizzeria nur Leopold und Werner gingen schon vorher zurück an Bord. Heute hat auf einmal wieder die Öldruckkontrolle funktioniert, wahrscheinlich ein Wackelkontakt.

Grill auf „Zirje" v.l.n.r. Leopold, Wilhelm, hinten Gabriele, vorne Christine, dann Gerhard und Gerlinde und mein Nachbar Werner.

Die Crew richtet am Strand alle für den Grill her, der ganz erfolgreich wird, leider hat mir zum Abschluß meine Gaslampe kaputtgemacht und das Glas zerbrochen.

187

In der „U.Stipanska" auf Zirje vor Buganker und Hecklandfeste

Christine verstopft mir den Ausguß mit Pflaumenstengel und Weintrauben und ich werde ihn zerlegen müssen. Es wird nach Mitternacht bis wir in die Kojen kommen.

Der Keilriemen ist am Ende und auch der Bolzen von Lichtmaschine

Am Donnerstag den 13. September 1984 kam der Wetterbericht schon früher und war um 0950 schon aus und ich wartete umsonst. Beim Motorcheck kam ich drauf, daß der Keilriemen etwas schräg läuft und der Bolzen von der Lichtmaschine zu dünn ist und auch ausgeschlagen und fast 3 mm Spiel hat. Ich wechsle das Motoröl und wasche auch die Bilge aus und spanne den Keilriemen nochmals nach. Das BB-Licht hat schon wieder kurzgeschlossen und ich kann es wieder reparieren und es leuchtet wieder nur fällt die Spannung zusammen aber die Sicherung hält, es sollten mal alle Leitungen erneuert werden.

Am Freitag den 14. September 1984 gehen wir um 1025 ab in Richtung Zadar, wo wir nach 7 Sm in der Marina um 1145 festmachen. Werner und Leopold wollen gleich nach Hause und ich gehe sie ausklarieren und es schließt sich auch gleich Wilhelm mit Gerlinde an. Als ich Gas holen will, sehe ich, daß sie in mein Auto eingebrochen haben und meine Lautsprecherboxen rausgenommen, den Zigarettenanzünder und meinen Totenkopf Knopf vom Schalthebel gestohlen haben. Das Autoradio haben sie nicht rausbekommen aber rechts die Verschalung vom Armaturenbrett zerbrochen haben.

Nachdem ich mit dem Gas zurück bin, haben sich auch Gerhard und Christine zum nach Hause fahren entschlossen und ich muß nochmals zum Hafenkapitän, der aber über die unnötige Arbeit nicht sehr erfreut war. Wenigstens lädt mich die Crew noch zum Skipper Dinner ein bevor sie abfahren.

Wir gehen um uns etwas zu erholen, um 1500 ein Stück nach Norden um uns nach dem „Ostri Rat" vor „Diklo" um 1525 vor Anker zu legen. Nur statt erholen mache ich mich nochmals über das BB-Licht her, es ist total verschmort und eindeutige eine Fehlkonstruktion. Jetzt schaffe ich es mal soweit, daß es nicht mehr so heiß wird. Wir fahren um 1740 nochmals nach Zadar zurück um zu telefonieren, wir legen um 1800 in der Marina an. Ich erreiche wieder nicht Gerda, aber dafür ist Niki am Telefon und erfahre nun, daß wir doch keine Gäste bekommen, also kann ich nur auf Gustav hoffen.

Krka Wasserfälle mit viel Wasser

19.Kapitel:
Noch eine kleine Crew

Am Samstag den 15. September 1984 ist es voll bewölkt mit leichten SE mit 2-3 Bft bei 22° und 1008 hPc. Am Morgen sehe ich bereits „Herbert" der wieder einen „Skipper" spielt, der ja zum Glück den Kontakt zu mir und Gustav und Erich, aufrecht gehalten hat, aber als Skipper eher sehr fragwürdig ist und deshalb mit mir im Konvoi fahren will um etwas zu lernen. Wie es zu dem Kontakt gekommen ist, als ich Herbert in der „Katina" kennengelernt habe, kann man in meinem Buch mit dem „MS. Antn 1983, einer MÖN 27" nachlesen. Jedenfalls kommt dann seine gesamte Crew zu uns an Bord und vernichtet in Kürze den gesamten Rotwein, den ich noch Mate in Kanister gebunkert hatte. Herbert hat diesmal eine „Rigoletto" gechartert und hat alle bereits in seiner Crewliste eingetragen. Dadurch, daß es keine Möglichkeit für einen Crewwechsel gibt, bleiben Gustav und Erich in seiner Crewliste, fahren aber bei uns an Bord mit. Wir gehen alle gemeinsamen Mittagessen und wir fahren um 1815 noch ein Stück raus und legen uns beim „Rt. Crnikovac" vor Anker. In den neuen Seekarten von Navionics, ist es jetzt eigentlich die Bucht vor „Zminjak" wo wir um 1835 den Anker setzen. Bei der „Rigoletto" ist das Wasser in den Tanks verschimmelt und sie müssen den Cafe wegschütten, daß nur zum „Service" der Charterfirmen. Ich habe Herbert noch eine Stange Marlboro verkauft und um 2100 haben wir 21° bei 1007 hPc und ich hoffe die Nacht bleibt ruhig.

Am Sonntag den 16. September 1984 arbeiten wir, obwohl es Erich schon am Vormittag versucht hat, versuchen wir in Skradin das Ventil vom Küchenabfluß aufzubekommen. Wir haben keinen Erfolg und immerhin ist Erich ja Installateur Meister, aber die Spindel dreht leer durch und der Schuber steckt innen fest. Es kann kein Wasser mehr abfließen und das Ventil wurde schon jahrelang nicht gewartet und ist total vergammelt, es ist so wie vieles am Boot verschlampt worden, es ist um die „Sourire" wirklich schade, daß sie von Gerd und Niki so behandelt wird. Djoko versucht mit mir, ohne Erfolg das Ventil zu reparieren.

Am Donnerstag den 19. September 1984 habe ich um 0950 bereits auf 916 kHz eine Sturmwarnung bekommen, es soll Gewitter mit SSE geben bis 30 Kn und nördliche Adria dann Bora.

Beide Crews beim Grill, oben der zweite von links ist Kurt, später dann der Kassier vom Segelclub wo dann nach ein paar Jahren, 250.000 ATS aus der Kasse fehlten. In der gelben Jacke „Herbert" und dann Michl mit Gabriele und ganz rechts Erich und der „Dicke" vorne ist Gustav.

Es ist bereits Donnerstag der 20. September als um 0100 ein Gewitter aufkommt und der Wind auf E dreht mit starken Regen im Gefolge. Michael ist ein guter Smutje und obwohl er sich beschwert hat, das ihm auf der Fahrt bei der Schräglage der „Rigoletto" von seinem Hirschgulasch der „Spiegel" verschüttet wurde. Wobei ich dann erfahren habe, es ist die Fettschicht die obenauf beim Kochen schwimmt, war das Gulasch vorzüglich und wir essen in der Nacht noch etwas von seinem Hirschragout, was wirklich super schmeckt. Wir sind dann noch bis 0400 mit Michael und Gustav in der Messe gesessen und haben geplaudert, nur Erich ist dann „abgestürzt" und hat sich in die

Koje gelegt. Auch Gabriela ging schlafen und die Diskussionen über Segeln, Jagen und über Freundschaft waren sehr interessant.

Da er einen Ast voller Ameisen für Grill geholt hat, mußte er sich ins Wasser retten um die Ameisen los zu werden.

v.l.n.r. Erich, Gustav, Kurt, Michl und Skipper Erich

193

Die „Rigoletto" mit „Skipper" Herbert im Konvoi

Zu Mittag gehen wir unter weiter nach rückwärts in die „Telascica" rein, wo wir um 1900 nach weiteren 7 Sm in der „U.Jaz" den Anker mit zwei Hecklandfesten setzen. Die „Rigoletto" liegt längsseits an BB aber meinen Anker habe ich gegen Norden gesetzt, falls die Bora wieder zunimmt. Die „Telascica" ist ja an die fünf Seemeilen lang ist und auch sehr tief, und in alten Zeiten lag hier ein Teil der österreichischen Kriegsflotte in der Bucht, ja es ist nicht zu glauben, aber Österreich hatte eine Kriegsmarine und unter „Admiral Tegethoff" waren wir ganz gut. Jetzt allerdings steht er nur mehr als Denkmal in Wien am „Praterstern" und schaut in die Novaragasse wo früher die „Dirnen" (Prostituierten) standen, die ja jetzt in der Innenstadt verbannt wurden. Es blieb aber bei Jugo mit 5-6 Bft und Böen mit 7 Bft bei 1003 hPc. Gabriele köchelt einen Kaiserschmarrn und auch Herbert kommt zum Essen an Bord. Um 2100 wird es windstill bei 1004 hPc und klarem Himmel mit 21°.

Am Freitag den 21. September 1984 spät auf, da wir mit Michael wieder bis 0100 früh diskutiert haben und wir machen mal eine Pause und Baden etwas. Während wir noch essen und Cafe trinken und mal Vorgespräche mit Erich und Gustav führen über ein gemeinsames Zukunftsprojektes, wegen einem Bootskauf und Gründung vom „Segelclub-ANKH" mit Gustav und Erich als Partner. Um 1655 gehen wir mit Kurs 120° bis nach Biograd wo wir nach 10 Sm um 1850 im Hafen längsseits anlegen. Dort ist die Crew der „Rigoletto" bereits voll besoffen und feiern lauthals. Wir gehen noch Abendessen aber Gabriela und ich gehen früher an Bord da im NO ein Gewitter steht.

Ich habe mit Gerda telefoniert, da Echolot nicht mehr funktioniert hat, sie hat mir dann gesagt wo der „Geber" vom Echolot ist, der war dann auch „umgefallen" was sicher noch von der Crew von der Gerda verursacht wurde, wo sie ihre Gummistiefel gebunkert haben. Denn ich habe von dem Schapp ja nichts gewußt, also kann ich den Geber nicht „beleidigt" haben. Jedenfalls kann ich den Geber wieder befestigen und Echolot funktioniert wieder. Heute hat Gabriele ihr erstes Anlegemanöver gefahren und hat ihre Sache gut gemacht, ohne Eile legte sie die „Sourire" an die Mole super an.

Am Samstag den 22. September 1984 haben wir in der Nacht SSE mit 7-8 Bft und starken Schwell im Hafen, wo ich natürlich kein Auge zu machen kann. Durch den Schwell reißen mir sogar zwei Fender ab, aber wir können sie wieder raus fischen und auf der anderen Seite vom Fender wieder neu anbinden. Ich war die ganze Nacht wach und Herbert ist mit der „Rigoletto" bereits um 0900 abgefahren, bei vollem Gewitter und Regen, auf das ich aber verzichten konnte. Um 1105 ist es windstill als wir ablegen und mit Kurs 128° in Richtung „Murter" gehen, nur leider haben wir nach 10 Minuten das nächste Gewitter mit starken Regen. Ich gehe allein Ruder und werde bis auf die Haut naß bis wir nach 10 Sm in der Marina Hramina um 1305 anlegen. Ich muß mir sogar von Herbert eine Jean leihen, da ich keine trockene Hose mehr habe. Nachdem ich mit Gustav und Erich abgerechnet habe, überläßt uns die Crew von der „Rigoletto" die restlichen Vorräte und es hat etwas aufgeklart und wir gehen um 1455 zurück nach Biograd wo wir nach 10 Sm um 1650 im Hafen anlegen. Ich bin unter Autopiloten gefahren und leider wurde die Lichtmaschine immer lauter, was wahrscheinlich am Lager liegen wird. Dank Autopiloten konnte ich die Jean nur feucht halten, denn es fängt kurz vor Biograd wieder zum Regnen an, aber bevor es stark zu regnen anfängt schaffen wir noch anzulegen. Es war mit Gustav und Erich schön an Bord und gute Stimmung gewesen. Am Abend mit Gabriele noch essen gewesen und nach langer Zeit wieder mal „Wiener Schnitzel" gegessen. Um 2200 haben wir noch immer Regen mit ESE mit 2 Bft und 19° mit 1005 hPc und wir sind wieder mal alleine an Bord.

20.Kapitel:
Die letzten Tage alleine an Bord

Am Sonntag der 23. September 1984 haben wir um 1130 volle Bewölkung bei 20° und S Wind mit 6 Bft und groben Seegang mit Stärke 5 bei 1006 hPc. Ich habe wieder den Keilriemen gespannt und Motoröl nachgefüllt, es ist deutlich der starke Abrieb des Keilriemens zu sehen und ich hoffe, daß die Lichtmaschine durchhält. Der Schwell im Hafen hat mir schon zweimal die Fender rausgedrückt und ich will bei den Böen nicht riskieren von Bord zu gehen, und auch nicht abzulegen, weil mich die starken Böen wieder mit dem Schwell an die Mole werfen könnten. Es kommen Vinco und Kreco mit noch zwei Mechanikern auf einen Trink und Cafe an Bord und nach plaudern, helfen sie uns beim Ablegen und halten uns von der Mole gegen den Wind weg und wir dampfen um 1235 ab in Richtung Zadar.

Es ist wieder etwas Regen aber mit dem starken Wind kommen wir nur mit der Genua die 14 Sm bis Zadar, wo wir um 1520 in der Marina anlegen. Wir fahren um auch das Auto wieder mal zu bewegen nach „Skradin" und besuche „Djoko" und dann zu Mate in den Weinkeller wo wir auf Prosciutto und Käse mit Rotwein von Mate eingeladen werden, der sich so bei mir bedankt, weil ich immer mit meinen Crews zu ihm komme und mit seinem Boot die Gäste zu den Wasserfällen schicke. Es wird uns sogar ein Zimmer angeboten aber wir sind dann mit „Djoko" noch im „Prstaci" wo wir auf die gleichnamigen „Steinbohrer" Muscheln eingeladen werden. Nach einen Cafe fahren wir zurück nach Zadar wo es um 2230 noch immer regnet und S mit 5 Bft ist und ich heuer das Erstemal 999 hPc am Barometer sehe!

Am Montag den 24. September 1984 haben wir um 1130 bereits 25° bei 1003 hPc und ich warte auf Wetterbericht und habe mal in der Marina 1.270.- Dinar bezahlt und es soll starken Wind und grobe See bekommen. Wir bunkern mal alles aus was wir nicht weiter an Bord brauchen und verstauen es im Auto. Dann sehe ich mir eine „Kendo" an, die zum Verkauf hier in der Marina liegt. Es ist eine 46 Fuß Segelyacht aus Frankreich und wäre super. Nach langen suchen kann ich endlich noch einen Film kaufen und die „Kendo" fotografieren, sie wäre ideal als Clubyacht. Ich bekomme von Norbert noch zwei Fische geschenkt, und obwohl wir heute schon im Marina Restaurant nicht gerade billig, aber gut gegessen haben, brate ich am Abend auch noch die Fische die uns super schmeckten. Ich habe auch noch Benzincoupons gekauft, ohne diese bekommt man ja sonst weder Diesel noch Benzin an den Tankstellen. In der Nacht ist es kalt geworden mit 18° um 2200 mit 1003 hPc. Am Dienstag den 25. September 1984 ist um 1000 das Barometer nochmals auf 997 hPc gefallen und morgens war Gewitter mit Regen. Wir gehen zur Tankstelle und ich tanke mal 60 Liter um 4.150 Dinar und noch 3 Liter Motoröl um 900 Dinar gekauft. Um 1200 gehen wir ab von der Tankstelle und mit Kurs 295° in Richtun NW.

Kurz nach Zadar beginnt es bereits zu regnen und ich fahre unter Autopiloten und schaue bei der Bugkoje aus der Luke raus und habe somit etwas Chancen noch trocken zu bleiben. Als wir bei schlechter Sicht und Regen eher mit freudlosen Bedingungen weiterfahren und Gabriele leider wieder schlecht geworden ist, mache ich, als ich „Bivoscak" an BB habe eine Kursänderung und mit starker Dünung laufe ich in Richtung „Zapuntel". Wie erwartet schafft es in dieser See der Autopilot nicht mehr und ich werde wieder mal naß als ich bei dem Regen und starker Dünung am Steuer stehe. Ich wollte nach „Zapuntel" rein, aber ein Deutscher „Wurm" liegt so blöd an der Mole und ich habe keinen Platz mehr. Ich gehen noch ein Stück weiter nach „Ist" wo ich einen guten Platz an der Mole finde und wir um 1630 nach 23 Sm längsseits mit zwei Springleinen anlegen. Es bleibt mit Regen stark bewölkt und Wind aus NNE mit 6 Bft und See mit 5. Ein Mann auf der Mole schreibt sich die Daten von der „Sourire" auf, warum ist mir unklar, aber bitte. Gabriele erholt sich wieder und köchelt einen Kaiserschmarrn.

Donnerstag der 27. September 1984 Motor warmlaufen lasse, sehe ich, daß sich der Keilriemen total auflöst. Ich baue die Lichtmaschine aus und versuche einen neuen Bolzen zu bekommen. In der Marina treffe ich den Sohn vom „Otto" und versuche auch in der Eisenhandlung einen neuen Bolzen zu bekommen. Keine Chance einen Bolzen mit Zoll zu bekommen, nur 10 mm oder 12 mm gibt es hier. Ich werde es morgen in der Marina nochmals probieren. Ich telefoniere mit

Gerda und die sagt mir, daß sie erst später als gedacht kommen werden. Ich habe ein ungutes Gefühl hier an der Mole ohne Motor zu liegen und hoffe, daß mir keiner der „Würmer" den Anker ausgräbt.

Am Freitag den 28. September 1984 hat der Wind gedreht und beginnt mit Ankerwache und Regen um 0600 und ich hänge mal die Lichtmaschine provisorisch wieder rein um dann um 0700 den Motor nochmals warm laufen zu lassen. Ein Österreicher der sich trotz meiner Warnung an die Mole längsseits gelegt hat, dampft jetzt mit Problemen im Regen raus, was er sich aber hätte sparen können, wenn er auf mich gehört hätte. Ich bleibe auf Ankerwache und hoffe, daß sich Bora in Grenzen hält und der Anker hält um nicht auch im Regen Manöver fahren zu müssen. Gabriele macht dann gleich Frühstück und es regnet den ganzen Vormittag. Meine Suche nach einem neuen Bolzen bleibt erfolglos und ich improvisiere dann mit einer selbstgemachten Beilagscheibe und kann den alten Bolzen fast ohne ein gröberes Spiel wieder fixieren, ich werde um 1500 damit fertig. Hoffe es hält lange genug, nach nochmals 300.- Dinar Hafengebühr gehen wir noch Duty free einkaufen und ich erledige bei meinen Freund Sladko dem Hafenkapitän noch alles und Nachmittag kommt noch „Martin" der Sohn von „Otto" auf einen Besuch an Bord. Wäre schön Morgen gutes Wetter zu haben, so langsam habe ich von „Mali Losinj" und dem Hafen genug.

Am Samstag den 29. September 1984 ist Wetter noch immer sehr besch..eiden, aber wir haben genug und gehen um 1100 bei S Wind mit 5-6 Bft und grober See, nachdem wir noch kurz bei Sladko waren und je einen ¼ kg Cafe gebracht haben, raus und spüren sofort den groben Seegang. Gabriele wird sofort wieder schlecht und ich gehe somit nur nach „Susak" rüber, weil auch ich mit achterlicher See darauf verzichten kann so durchgeschüttelt zu werden. Alles fliegt im Boot herum was nicht angenagelt war. Die Böen gehen locker bis 7 Bft und Gabriele spricht wieder mal mit „Neptun" und um 1245 gehen wir nach 8 Sm in „Susak" längsseits wo wir auch gleich 200.- Dinar Hafengebühr bezahlen. Die Leute dort unterscheiden sich nicht nur mit der Tracht von den umliegenden Inseln, sondern sie leben in „Endogamie"[3] seit vielen Jahren. Im zweiten Weltkrieg war eine Fabrik für „Bohrköpfe" auf der Insel, die seit langem stillgelegt ist. Leider sieht man an vielen „Einheimischen" daß hier seit langem kein „frisches" Blut von außerhalb auf die Insel kam. Deutlich ist es am Friedhof zu sehen, wo man auf sehr vielen Grabsteinen die gleichen Namen vorfindet z.b.: „Tarabocia", „Pucini" und „Filipo" und dann steht dort, „Maria Filipo" geborene „Pucini" und umgekehrt. Wir gehen auf die andere Seite der Insel wo durch die Vegetation eine gute Weintraube wächst und hier den „Crno Vino" (Schwarzer Wein) gemacht wird. Sogar ganz oben beim Leuchtturm wächst der Bambus und es gibt hier sogar einen Sandstrand. Wir kaufen im Hafen noch um 160.- Dinar zwei kg Tomaten die sehr gut sind und mit guten feeling und Musik, feiern wir sehr kreativ mit bemalen von T-Shirts unseren hundertsten Bordtag auf der „Sourire".

Am Sonntag den 30. September 1984 hat es Vormittag wieder die ganze Zeit geregnet und Jugo bläst immer noch voll mit grober See. Es kommt dann etwas die Sonne raus und wir haben unsere Ankerkette aufgelegt und lackieren mit Farbe neue Markierung an den 10 m Abständen, da die alten fast nicht mehr zu sehen sind. Zwei Bayer von einem Finnclipper, der „Aubing" sind auf Besuch an Bord und „Ossi" wurde dann noch später ein sehr guter Freund von mir. Leider ist er auch schon viel zu früh verstorben. Im SE sind wieder Gewitter zu sehen.

Am Dienstag den 2. Oktober 1984 waren die ganze Nacht Sturmböen mit Regen und Gewitter und halten auch morgens noch an. Wir gehen um 1525 mit einem Kurs von 307° in Richtung NW mit SW Wind um die 2-3 Bft nur als wir um die Huk kommen, haben wir im „Kvarneric" eine groben Seegang von 4-6 und Gabriele spricht kurz darauf schon wieder mit „Neptun". Die „Aubing" folgt uns in Konvoi und die Frau

---

[3] ENDOGAMIE: Abgeschiedenheit,

von „Ossi" hat sich mit den Kindern unter Deck verkeilt was auch nicht angenehm ist und da die Dünung sicher nicht besser wird, drehe ich ab und gehe auf der Ost Seite von „Unije" in die „U.Potkujni" um 1810 nach 13 Sm vor Anker. Erst nach ein paar versuchen hat mit 40 m Kette endlich der Anker gehalten und mit nächstem Gewitter hat Wind von SE auf NE gedreht und ich hoffe verschont zu bleiben, habe allmählich vom Regen genug.

Der Finnclipper „Aubing" mit Ossi und Familie im Konvoi

Wir haben uns mit der „Aubing" längsseits zusammen geklampft und sind bei ihnen zum Essen eingeladen worden. Es gab Wurstsalat der aber dann abrupt abgebrochen wird, da wieder ein Strumtief über uns hinweg zieht und wir auseinander gehen und unseren Anker neu setzen müssen, nun liege ich in der Mitte von der Bucht. Nach diesem Ankermanöver um 1900 werden wir wieder mal total naß und ich kann bei den Böen aus ESE um die 7 Bft wieder mal Ankerwache gehen. Ich habe 40 m Kette draußen und der Anker hält mal gut, bin aber weiter auf Ankerwache und ich bin froh, daß ich mich auf Gabriele schon so gut verlassen kann und um Mitternacht haben wir noch immer Böen mit 8 Bft aus West.

Kolosseum in Pula

Am Freitag den 5. Oktober 1984 haben wir West mit 4 Bft und halber Bewölkung bei 1010 hPc und 22° um 1200 nachdem wieder am Morgen Regen und Sturm hatten. Ich muß mich in Pula längsseits legen was mir nicht gefällt und ich gebe aber noch eine Springleine auf die Boje, damit ich im Notfall auch wieder von der Mole wegkomme wo ich nun um 1220 längsseits anlegen muß. Ich muß 800.- Dinar Hafengebühr bezahlen und wir sehen uns dann im Regen noch Pula an.

Ich lasse noch Schilling auf Dinar wechseln und kaufe Benzin Coupons und mit dem Taxi fahren wir noch Gas holen, was dann 200.- Dinar für Gas und 300.- Dinar für Taxi kostet. Wir haben Kotelett gekauft und paniert die super waren. Lasse Motor für Kühlschrank laufen und Gabriele geht zum Friseur, den ich auch bald nötig habe. Noch Batteriewasser gecheckt und hoffentlich kommen wir Morgen von hier weg.

In Pula längsseits an der Mole im Hafen

Römischer Triumphbogen in Pula

Am Samstag den 6. Oktober 1984 haben wir morgen wieder
Regenschauer und um 0800 werden wir geweckt um wieder 800.- Dinar
Hafengebühr zu zahlen.

Wir spazieren durch Pula und am Abend ist im Westen ein
großes Gewitter und ich gehe mit Gabriele zur West Seite um dort
vielleicht ein paar Blitze über dem Meer zu fotografieren. Leider
schleppt Gabriele mein Stativ und ich den schweren Fotokoffer mit
meiner „Mamaya 645" umsonst, denn als wir das Ufer erreichen ist die

Halbinsel mit dem „Rt.Zlatni" genau noch vor der Sicht aufs offene Meer und wir können wieder zurück gehen. Um 2200 hat es 1012 hPc und um 2300 fängt es wieder zum Regnen an.

„Rovinj" von der halbfertigen Marina aus gesehen

Am Sonntag den 7. Oktober 1984 wieder mit Regen freudlos in der Marina verbracht. Bei meinem Ring ist heute die Platte gebrochen und wir haben uns ein Mittagessen im Restaurant „3 Palmen" geleistet was aber nicht gut war. Gabriele hat mich manikürt und abends haben wir wieder Regen bei 1019 hPc um 2300 bei 17°.

Am Montag den 8. Oktober 1984 haben wir noch Duty free eingekauft und ich habe endlich die Flaggen und Seekarte von der nördlichen Adria für Herbert gekauft und Gabriele macht klar Schiff. Das Wasser vom vorderen Tank stinkt schon fürchterlich, sollte der Tank mal gespült und mit Chlor gereinigt werden. In Piran noch einen Platz längsseits bei der Hafeneinfahrt gefunden. Kurz vorher fängt noch der Tourenzähler zu „spinnen" an und zeigt mir bei Standgas über 2000 U/min an. Ich versuche die Fehler zu finden und fülle noch einen halben Liter Motoröl nach. Ich habe noch mit Gerda telefoniert und um 2100 haben wir 15° bei 1022 hPc.

Wenigstens eine Nachtaufnahme von der Marina in „Rovinj", weil mein Versuch die Blitze vom Gewitter zu fotografieren, nicht geglückt ist.

Am Dienstag der 9. Oktober 1984 fahren wir bereits früh am Morgen nach Zadar um unser Auto zu holen. Wir fahren mit dem Bus über „Rijeka" wo wir einen kurzen Aufenthalt haben und wir gehen in ein Restaurant uns essen Palatschinken, nur als wir zum Bus zurückkommen, ist dieser Weg! Irgendwie habe ich den Fahrer falsch verstanden, ich dachte es ist eine Stunde Aufenthalt aber anscheinend hat er gemeint er fährt um „Ein Uhr" also 1300 ab, egal wie es war, der Bus war weg, nur leider habe ich eine neue Jeansjacke mit Fell gefüttert und am Rücken ein Gemälde, daß Gabriele gemalt hat drauf, und die lag noch im Bus auf unseren Sitzen! Nun er war nicht mal 20 Minuten weg und wir organisierten ein Taxi, der sogar etwas Englisch und Deutsch verstand und erklärten die Situation und er erklärte sich bereit dem Bus nach zu fahren und wir fuhren los. Er wußte ja wie der Bus fuhr, nämlich über die Küstenstraße was so an die 230 km sind und wir fuhren los.

Dazu möchte ich sagen, der Taxifahrer fuhr relativ gut, nur als Beifahrer bin ich total ungeeignet und ich starb ein paar Hundert Tode neben ihm als er versuchte alle Rekorde zu brechen um den Bus einzuholen. Nun wer schon mal die Küstenstraße unterhalb vom „Velebit Gebirge" entlanggefahren ist, speziell in der Hochsaison wo ein Bootsanhänger oder Wohnwagen auf der Straße ist und man fast keine Chance hat irgendwo zu überholen. Nun es gab zwar im September nicht so viele Wohnwagen, aber trotzdem auch viel Gegenverkehr und nur wenig Möglichkeiten zum Überholen, wenn es soweit war, war ich auch immer nahe an einem „Herzstillstand" wenn wieder Autos entgegen kamen. Wir waren schon über eine Stunde unterwegs bis wir endlich mal glaubten den Bus vor uns gesichtet zu haben, er war ein paar Kurven weit voraus zu sehen und der Bus fuhr um es mit diesem Ausdruck zu beschreiben: „Wie eine gesenkte Sau" Vor allem überholte er auch genauso wie unser Fahren bei jeder Möglichkeit und auch unser Fahrer konnte eigentlich auf der Küstenstraße mit dem Verkehr nicht mehr rausholen.

Da der Preis schon relativ hoch war, fing ich schon an mit dem Fahrer zu verhandeln da wir ja schon über der Hälfte der Strecke waren und auch der Taxifahrer es unterschätzt hatte und glaubte den Bus früher einzuholen. Nun er meinte dann, es ist schon spät und wir sind schon so weit gefahren, daß er eventuell eine Schwester in Zadar besuchen könnte, die er schon lange nicht gesehen hatte und er uns bis Zadar bringen wird. Wir einigten uns auf einen Preis von 1.500.- Schilling und als wir dann endlich den Bus mal überholen konnten und ich raus gedeutet habe er soll rechts ranfahren, fuhr der Bus als wir rechts ranfuhren wieder an uns vorbei und überholte uns wieder! Erst beim dritten Mal, als ich mich schon aus dem Fenster raushing und er mich erkannte, fuhr er endlich rechts ran und hielt an. Es gab natürlich viel Gelächter vom Busfahrer und den Fahrgästen und unserem Fahren und wir die Jacke aus dem Bus holten und der Taxifahren ihnen sagte, daß wir nun mit ihm nach Zadar fuhren wo wir dann mit weniger Streß weiterfuhren und gut in Zadar ankamen. Wir gingen noch essen und fuhren um 1930 mit meinem „Mazda" wieder retour nach Piran. Wir kamen so um Mitternacht zur „Sourire" zurück, wo Gerda schon an Bord war. Ich habe alles mit Gerda abgerechnet und ihr dann das Boot übergeben und alles erklärt was noch gemacht werden sollte und wir tranken noch einen Cafe und fuhren dann am Mittwoch den 10. Oktober 1984 noch um 0400 Früh nach Wien zurück, es war ein relativ stressiger

Abschied beim letzten Tag auf der „Sourire" geworden, aber alles ist soweit gut gegangen und wir kamen gut nach Wien zurück.

Das zweite Logbuch ist vom52. bis 110. Bordtag

Wir haben insgesamt 335 Motorbetriebsstunden gemacht

Unter Segel	*560 Seemeilen*
Unter Motor	*1855 Seemeilen*
Insgesamt	*2415 Seemeilen*

Für die Richtigkeit der Angaben Skipper Erich Beyer

„Nachwort"

Da ich es verstehe, daß jemand der mit segeln und Motorbooten nichts am „Hut" hat, noch ein Boot kaufen, oder ein „Fahrtensegler" werden will, nicht ein Buch über 30.- € kaufen will, und dann noch in „Hardcover". Deshalb habe ich hier die Zusammenfassung, zwar auch mit vielen Fotos, anschaulicher gemacht, und nur als „Paperback" aufgelegt um vielleicht doch bei mehr Leuten ein Interesse zu wecken, hier mal von den Motorbooten bis zu den Segelbooten 1984 bevor wir dann zu unseren Leben auf der „Key of life" dann „Manuda" und später auf der „Key of life I" zu verfolgen.

Ich bitte auch die teilweise nicht so gute Qualität der Fotos zu entschuldigen, aber alle Negative zu finden und dann einzuscannen würde ich sehr lange brauchen. Nun deshalb habe ich aus den Logbüchern und Alben die Fotos eingescannt und überarbeitet, wobei natürlich Vergilbung und Flecken an den Fotos auftraten. Die Logbücher sind ja teilweise über 35 Jahre alt, und davon noch dazu viele Jahre und Seemeilen mit auf dem Boot in der Karibik waren, wo ihnen das heiße Klima und die Seeluft auch noch schr zugesetzt haben. Somit wollte ich hier auch nur normalen „Smart Druck" wählen und keinen „Brillant Druck", denn das wäre sinnlos, wenn ich keine hoch qualitativen Fotos zur Verfügung habe und Digital war ja hier noch sehr fern. Nur da die vorigen Auflagen viele Streifen in den Bildern hatten, mußte ich doch den „Brillant" Druck wählen, was aber das Buch etwas teuer macht. Leider haben viele Fotos einen „Farbstich" was auf den alten und schon lange nicht gewechselten „Entwickler" und „Fixierer" zurück zu führen ist, was sich bei den Fotografen auch nicht geändert hat, selbst wenn es jetzt nicht mehr in Jugoslawien ist. Bitte mir auch zu verzeihen, die sicher noch genügend Rechtschreibfehler und meine Grammatik, aber in „Deutsch" hatte ich immer eine „vier" und bis Dato habe ich kein Interesse daran, es besser zu lernen, und ich bin kein Schriftsteller noch Deutschprofessor!

Sowie mit meinen anderen Büchern, will, und werde ich sicher nicht reich werden, aber da wir es erleben durften, wollte ich es auch aufzeichnen, und jenen die vielleicht auch mal den Weg eines

Fahrtenseglers einschlagen wollen, zeigen warum ich (wir) dieses Leben gewählt haben, denn wie schon Eminescu sagte:

"Denn das Leben ist ein verlorenes Gut, wenn man nicht gelebt hat wie man hätte leben wollen."

Und wenn ich mir nun, nach meinem Kulturschock, als ich wieder nach Österreich zurückkam, die Leute betrachte, und von 50% in Wien ihre Sprache nicht mehr verstehe, dann kann ich nur immer wieder Einstein zitieren:

„Um sich in einer Schafherde wohl zu fühlen, muß man vor allem ein Schaf sein"

Leider sind in Österreich diese „Schafe" die nicht mal unsere Sprache sprechen, auch wahlberechtigt was beweist was ich in meinen anderen drei Büchern, die nicht vom Segeln handeln, schon geschrieben habe. Mit diesem Volk kann eine Demokratie nicht funktionieren und ich würde mich auf ein Leben am Segelboot zurücksehnen, um mit dieser *„kapitalistischen Gesellschaft ohne Moral"* nichts mehr tun zu haben, was aber leider nicht mehr möglich sein wird.

Da ich ja mal 350 Clubmitglieder hatte, macht es vielleicht einem Teil von ihnen Freude nochmals über ihren Törn nachzulesen und ein paar Fotos zu sehen, daß ist auch einer der Gründe warum ich nun an diesen Büchern vom Beginn mit unserer ersten „Key of life" zu schreiben anfange. Vom Beginn in Lignano 1985 über Jugoslawien bis zum Krieg wo es dann Kroatien wurde, bis wir wieder in Lignano, mit dieser Ersten „Key of life" am 14. April 1990 Feuer an Bord hatten und ich, nach über 22.000 Seemeilen, das Boot verkaufen mußte. Es wurden nun fünf Teile von meiner ersten „Key of life" aber es macht mir auch wieder Freude in den Logbüchern, ohne die es ja nicht möglich sein würde, diese Geschichten aufzuschreiben und in Gedanken wieder zu erleben, oder wißt ihr noch, was ihr am 5. April 1986 gemacht habt?

Nun mit dem Buch mit der Zusammenfassung die ich in Buchform gebracht habe und dann mit der Zusammenfassung ab 1985 bis 2018 die Serie „Unter dem Key of life" weiter fort gesetzt, woraus nun inklusive diesem Buch 21 Bände geworden sind, die ihr unter dem link vom BoD jederzeit einsehen könnt:

https://www.bod.de/buchshop/catalogsearch/result/?q=Erich+Beyer

Ich finde es für mich, auch wenn es viele anders empfinden, als eine schöne Leistung meine Erinnerungen hier aufgezeichnet zu haben, und daß, obwohl ich sicher kein Schriftsteller bin.

In diesem Sinne widme ich alle meine Bücher, den vielen Clubmitgliedern die mit mir gefahren sind, speziell leider all jenen die wie ich jetzt, das Jahr 2025 nicht mehr erleben durften. Auch will ich meine Erste Verlobte Gabriele wo es auf der „Sourire" angefangen hat und dann viele Jahre auf der Ersten „Key of life" eine schöne Zeit, war nicht vergessen. Dann natürlich meine jetzige Frau Gabriela mit der ich auf der „Manuda" den Wandel von Jugoslawien zu Kroatien in Kriegszeiten erlebt habe und dann viele Jahre in der Karibik mit meiner zweiten „Key of life I" verbringen durfte. Und ich noch immer mit ihr eine schöne Zeit im Haus in Klosterneuburg am „Rolandsberg" mit unserer Hündin „Shiva" die ich auch „La Bestia" oder „Krawallo" nenne, verbringen darf.

Viel Spaß beim Lesen, wünscht

Skipper Erich jetzt nur mehr „Landratte"

GLOSSAR:

ABDRIFT: Die durch den Wind verursachte seitliche Bewegung eines Bootes nach Lee. Die Stärke der Abdrift ist abhängig von der Form des Überwasserschiffes und des Lateralplanes sowie dem Kurs zum Wind. Die Einflüsse eines „Stromes" sind in der Abdrift nicht enthalten; sie werden als „Stromversetzung" getrennt berücksichtigt.

ABSCHLAGEN: Das Abnehmen des Segels vom Baum oder Vorstag. (Gegenteil: anschlagen)

ACHTERAUS: Alles, was hinter einem Boot liegt. (Gegensatz: voraus)

AFFENKÄFIG: auch "Touristendschangler", die niedrigste Form des Touristentransportes. Meistens Holzboote mit Masten als "Pseudosegler" getarnt die als "Piratenfahrten" eine bestimmte Route befahren.

ANTIFOULING: Gifthaltige Unterwasserfarbe, die den Bewuchs des Unterwasserschiffs durch Muscheln oder Algen verhindern oder hemmen soll.

AUFLANDIG: Wenn der Wind von See in Richtung Land weht. (Gegenteil: ablandig.)

BACKSKISTE: Durch eine Klappe von oben zugänglicher Kasten in einer Sitzbank.

BB: (Backbord) "Links" In Fahrtrichtung gesehen die linke Seite des Bootes.

BEAUFORT SKALA: Bft = Die Windgeschwindigkeit in 12 Stärken geschätzt, wurde 1874 international anerkannt, nur die Amis, bis auf wenige, haben keine Ahnung davon. 1949 wurde sie bis Windstärke 17 erweitert.

BEIDREHEN: Manöver zum kurzzeitigen Stoppen eines Bootes, bei dem der Wind die Segelfläche neutralisiert und das Boot kaum Fahrt durchs Wasser macht. Dauert das Manöver länger. Spricht man von „BEILIEGEN", meistens um schweres Wetter abzuwettern.

BESAN: Der hintere Mast auf einem Anderthalbmaster, z.B. einer Ketsch.

BILGE: Die tiefste Stelle im Bootsrumpf über dem Kiel und unter den Bodenbrettern, an der sich das Bilgewasser sammelt, bis es von der Bilgepumpe wieder gelenzt wird.

BIMINI: Ein Verdeck mit einem Gestänge über das Cockpit zum Schutz gegen die Sonne.

BOJE: Im Grund verankerter Schwimmkörper zum Festmachen von Booten.

BÖ: Plötzlicher Windstoß mit größerer Windgeschwindigkeit, aber kurzer Dauer.

BORA: Fallwind aus NE sehr gefährlich im "Velebit Kanal".

BRECHEN: Seemännischer Ausdruck für das Reißen von Leinen und Ketten (nicht jedoch für Segel)

BUG: Das vordere, weitgehend spitz zulaufende Ende eines Bootes, der vorderste Bereich des Vorschiffes.

COCKPIT: Der mit einer Vertiefung im Deck eingebaute Sitz – und Arbeitsraum für die Besatzung. Im Deutschen auch "Plicht" genannt.

CQR oder PFLUGSCHARANKER: Ein bewährter Leichtanker, der mindestens eine Haltekraft des Zwanzigfachen, höchstens des Sechzigfachen seines Gewichtes hat. Er gräbt sich mit seiner einzigen, wie ein Pflug geformten Flunke besonders auf hartem Sand- und Schlickboden schnell und tief ein. Der Schaft ist seitlich weit schwenkbar, ohne das die Flunke ausbricht.

CURRY KLEMME: Nach seinem Erfinder Manfred Curry benannter Beschlag, um z.B. eine Schot nicht an einer Klampe belegen zu müssen, sondern durch festklemmen in jeder gewünschten Position halten zu können. Die C.K. hat zwei gegeneinander bewegliche, federnd gelagerte Backen, die ein Ende bei Zugbelastung halten, aber durch einfaches Hochreißen sofort wieder freigeben.

DAMPFERLICHT: Eine ursprünglich auf den Dampfer bezogene Bezeichnung für die Topplaterne eines Maschinenfahrzeuges mit einem Leuchtwinkel von 225°. Bei Fahrten unter Motor muß auch eine Segelyacht ein Dampfer Licht führen.

DAVIT: Kranartige gebogene, senkrechte Vorrichtung am Heck montiert um z.b. Das Beiboot hochzuziehen und daran zu führen.

DEVIATION: Ablenkung der Nadel eines Magnetkompasses durch magnetische Einflüsse des Bootes. Deviation kann nicht nur durch benachbarte Eisenmassen (Motor, Ballastkiel, Ruderanlage usw.), sondern auch durch elektrische Leitungen, elektronische Geräte u.ä. erfolgen.

DINGI: Kleines Beiboot, oft ein Schlauchboot das auch scherzhaft „Radierer" genannt wird.

DOPPELENDER: Ein Boot mit Spitzgattheck, bei dem sich die Formen von Bug und Heck ähneln.

DREIFARBENLATERNE: Auch Dreieinigkeitslaterne genannt, sie zeigt ein Rundumlicht an. Durch unterschiedlich farbige Linsen strahlt sie jedoch die vorgeschriebenen Seitenlichter und das Hecklicht aus einem Gehäuse in den vorgeschriebenen Leuchtwinkeln aus: Von recht voraus bis 2 Strich achterlicher als querab nach Steuerbord das grüne Steuerbordlicht, an Backbord das rote Backbordlicht und im verbleibenden achterlichen Sektor das weiße Hecklicht.

DWARS: Querab, rechtwinklig zur Fahrtrichtung

E: Ost aus dem engl. "east" wird so geschrieben um nicht mit "Null" verwechselt zu werden. (Windrichtung NE = Nordost)

ECHOLOT: Tiefenmesser, elektro – akustisches Gerät zum bestimmen der Wassertiefe.

EPOXIDHARZ: Ein in flüssiger und lösungsmittelfreier Form lieferbares Kunstharz, das durch Zugabe eines Härters mit Abgabe von Wärme aushärtet.

ETMAL: Dauer eines (astronomischen) Tages sowie die in dieser Zeit zurückgelegte Distanz in Seemeilen, von einem Mittagsbesteck zum anderen. Mittag 12.00 Uhr bis zum folgenden Tage Mittags 12.00 Uhr.

FALL: Das Tauwerk mit dem die Segel aufgezogen werden, je nach Segel wird auch das Fall benannt, Großfall, Genuafall oder Spifall.

FENDER: Polster aus unterschiedlichen Materialien, um die Bordwand vor Beschädigungen an Stegen, Molen usw. zu schützen.

FIEREN: Nachlassen von Leinen oder Schoten. Gegenteil ist DICHTHOLEN: anziehen von Leinen.

FLYBRIDGE: Der obere, meistens zweite Steuerstand einer Motoryacht, der im freien ist und meistens nur mit einer Bimini von der Sonne geschützt ist. Aber auf großen Yachten auch mit fix montierten Dach und Aufbauten vor Wind und Wetter geschützt ist.

F = FOXTROTT: Weiße Flagge mit rotem Rhombus. Bedeutung: „Ich bin manövrierunfähig; treten Sie mit mir in Verbindung."

FREIBORDHÖHE: Die von der Wasserlinie bis zum Deck gemessene Höhe der Bordwand, die vom Beladungszustand des Bootes und dem Deckstrak oder Sprung abhängt.

GASTLANDFLAGGE: Die Nationalflagge eines fremden Landes, das eine Yacht besucht. Die G. wir als Ehrenbezeugung in den entsprechenden Hoheitsgewässern gesetzt. Bei einem Segelboot in der STB Saling und sollte eine Größe von 30x45 cm haben.

GLASEN: Anschlagen der Schiffsglocke nach Ablauf jeder halben Stunde mit einer ungeraden Schlagzahl und nach jeder vollen Stunde durch Doppelschläge. Jede Wache beginnt das Glasen mit 1 Glas (z.B. 0830) und endet mit 8 Glas (z.B. um 1200). Der Ablauf der Zeit wurde früher durch das Stundenglas gemessen, das alle halbe Stunde nach dem Glasen umgedreht wurde.

GPS: Global Position System Mit 12 Satelliten im Dopplerverfahren arbeitendes Gerät zur Position und Höhenbestimmung, geht bis zu 3 m genau.

GUT: Das gesamte Tauwerk der Takelage eines Segelbootes, unterteilt in "stehendesGut"-dazu zählt die feste Verstagung des Mastes mit Vorstag, Wanten und Achterstag –und "laufendes Gut". Dazu gehören die Fallen zum Setzen der Segel und die Schoten zur Segelführung.

HAND: Ein Mitglied der Crew, gegen Entgeld als „bezahlte Hand" bezeichnet. Auf Langfahrten oft gesucht unter: „Hand gegen Koje", unbezahlt aber dafür mithelfend als Crew. Da nur als eine „Hand" bezeichnet, weil am Boot das „Sprichwort" gilt: „Eine Hand für das Schiff, eine für den Mann", was bedeutet, daß man sicher immer festhalten sollte.

HECK: Das hintere Ende eines Schiffes, auch "Achtern" genannt.

hPc : Hektopascal früher Millibar, die Angaben des Luftdruckes am Barometer.

HURRIKAN: Hurrikans werden nach der „Saffir –Simpson Skala" in fünf Kategorien eingeteilt, die Kategorie 4 bedeutet Windgeschwindigkeit von 210 bis 250 Stundenkilometern und einer Flutwelle, die er vor sich hertreibt von 4 bis 6 Metern!

IIII: Incredibly - Insane - Ignorant - Idiot - Frei übersetzt würde es ungefähr bedeuten: unglaublich geisteskranke unwissende Idioten!

JOGHURTBECHER: "GFK-Yachten"   Abkürzung   für glasfaserverstärkter Kunststoff.

JUGO: Wind aus SE (Südost) oder Bezeichnung für Leute aus dem Süden.

KABBELWASSER: Durch verschiedene Wirkungseinrichtungen, wie Dünung, Strom und Windrichtung, durcheinanderlaufende See.

KETSCH: Ein Anderthalbmaster, wo der zweite hintere Mast, der Besan kürzer ist.

KLAMPE: Fest geschraubter oder verbolzter Beschlag zum Belegen von Tauwerk aus unterschiedlichen Material (Metall, Kunststoff, Holz) unterschiedlicher Form und vielfältiger Konstruktion. Eine K. ist immer für waagerechten Zug ausgelegt und kann wahlweise an Deck, am Mast, an anderen Plätzen und in anderen Ebenen montiert werden mit der einzigen Bedingung, daß die Laufrichtung des Seiles in der gleichen Ebene wie die K. liegt.

kn: "Knoten" Nautische Geschwindigkeitsbezeichnung für Seemeilen pro Stunde. Der Ausdruck stammt von der Markierung der Logleine des alten Handlogs mit Knoten.

kn = Maßeinheit für die Bootsgeschwindigkeit, die Fahrt durchs Wasser, 1. Knoten entspricht 1 Seemeile pro Stunde, das sind 1852 m/h

KOORDINATEN: Bezugsgrößen in entsprechenden Systemen um die Lage eines Punktes zu bestimmen. Auf der Erdoberfläche ist jeder Punkt durch die geographische Länge und Breite fixiert.

KOPPELNAVIGATION: Das Koppeln mit den Faktoren, Kurs, Fahrt und Zeit, so daß die Position eines Bootes jederzeit durch einen Koppelort aus der Seekarte ersichtlich ist.

KRÄNGUNG: Schräglage (eines Bootes)

LÄNGSSEITS: Entlang der Seite; Seite an Seite; z.B. Längsseits anlegen.

LEE: Windschattenseite, oder die vom Wind abgewandte Seite, Gegenteil LUV: Dem Wind zugewandte Seite.

LEGERWALL: Auf Legerwall liegen = eine Yacht liegt vor einer Küste oder einem anderen Hindernis, auf die Wind und See setzen. Stets eine gefährliche Situation.

LOG: Messinstrument für die Geschwindigkeit des Bootes.

LUFTHUTZE: Auch Windhutze genannter, ohrmuschelförmiger Aufsatz, der drehbar auf einem Luftschacht gesetzt ist, um in die jeweilige Windrichtung gestellt werden und eine ausreichend große Luftmenge einfangen und ableiten zu können. Damit ja kein Spritzwasser unter Deck kommen kann, sind Lüfterkopf und Luftschacht seitlich versetzt damit eingedrungenes Spritzwasser durch kleine Speigatten wieder ausfließen kann.

LUV: Die dem Wind zugekehrte Seite.

MAYDAY: Internationaler Notruf im Funkverkehr bei Lebensgefahr. Im Morsecode

SOS ... --- ... oder mit Lichtzeichen 3x kurz 3x lang 3x kurz (Save Our Souls - Rettet unsere Seelen). PAN PAN ist ein Hilferuf wenn keine Lebensgefahr besteht.

MURING: Eine Boje mit Leine die an einem am Grund befindlichen Betonblock oder ähnlichem, fest verankert ist und auf der man festmachen kann, meistens gegen Bezahlung einer Gebühr.

NIEDERGANG: Eingang und Treppe zu der meist tiefer als das Cockpit gelegenen Kajüte oder Salon.

PALSTEK: Ein "Stek" (Knoten) bei dem man ein "AUGE" im Tampen (Das Endstück einer Leine) erhält, das sich nicht zusammenzieht und zum Festmachen über einen Poller gelegt werden kann.

PINNE: Kurzbezeichnung für RUDERPINNE, mit dem Ruderkopf verbundener einarmiger Hebel, an dessen Ende der Rudergänger zum Ruderlegen direkt mit der Hand arbeitet. Die Länge der aus einem Metallstab oder einem Holzprofil gefertigten Pinne hängt von der Größe des Ruderblattes und von der Heckform ab. Bei der Ausführung von Ruderkommandos ist zu beachten, daß die Pinne immer entgegengesetzt zu der Richtung gelegt werden muß, in die das Boot drehen soll.

POLLER: Fest verankerter, starker, oft Pilzförmiger Pfahl aus Holz oder Metall zum Festmachen von Leinen und Trossen. Ein Poller ist sowohl auf der Pier als auch an Bord auf dem Vorschiff gebräuchlich.

PÜTTING: Auch Rüsteisen genannter Beschlag, der an der Außenhaut, am Spant, am Kiel oder nur am Schanzkleid sicher befestigt ist, um die Wanten zu befestigen und ihren Zug auf den Bootsrumpf zu übertragen.

QUADRANT: Himmelsrichtung in vier Teile aufgeteilt. 1. Quadrant N bis O also von 000° bis 090° der 2. Qu. 90° bis 180° der 3. Qu. 180° bis 270° und der 4. Qu. Von 270° bis 360° Kann aber auch ein RUDERQUADRANT sein, bei einer Radsteuerung ist am Ruderschaft ein Ruderquadrant als zusätzlicher Bauteil aufgesetzt.

RADARREFLEKTOR: Nach Art eines Triplespiegels rechtwinkelig zusammengesetzte Metallflächen, die allseitig einen Radarstrahl in die Herkunftsrichtung reflektieren und dabei ein auffälliges Zielzeichen auf dem Bildschirm des Radargerätes erzeugen.

REFF: Verschiedene Patente um die Segelfläche eine Segels zu verkleinern, wir haben ein „Bindereff"

RIGG: Bezeichnung der Takelage mit allen Teilen des stehenden und laufenden Gutes einschließlich Mast und Spieren.

R/O: Wasser ist REVERSE OSMOSIS Wasser, aus Seewasser gewonnenes Wasser, im selben Prinzip arbeitet auch unser Wassermacher. Durch eine dichte Membrane wird mit hohem Druck das Salzwasser gepresst und es entsteht dabei Frischwasser.

RUDERWIRKUNG: Das Boot dreht mit dem Bug nach derjenigen Seite, zu der das Ruder gelegt ist. Das Steuermoment ergibt sich aus der Größe des Ruderblattes und seinem Abstand vom Drehpunkt des Bootes.

SALING: Waagerechte Strebe am Mast, die im oberen Bereich die Wanten abspreizt, um eine bessere Mastverspannung zu erzielen.

SATELLITEN NAVIGATION: Schiffsortbestimmung mit Hilfe von Navigationssatelliten, die alle 2 Minuten ihren genauen Standort senden. Die Fehlerquote ist gering, der Aufwand an Instrumenten groß, das Verfahren teuer. Wurde durch den GPS abgelöst.

SCHEUERLEISTE: Um das Boot in Deckshöhe umlaufende Holz oder Gummileiste zum Schutz der Außenhaut gegen Schamfilen oder zur Aufnahme von Stößen beim Anlegen oder längsseits liegen.

SCHOTT: Schott Tür oder Steck Schott. Eine auf Yachten nur selten wasserdicht schließende Tür, die einen Schott - Durchgang oder Niedergang mit Schiebelucke sperren kann.

SCHWANENHALS: Das obere Ende eines aus dem Deck nach oben führenden und meistens an der Kajütenwand befestigten Entlüftungsrohres, das gegen einen möglichen Wassereintritt mit kleinen Krümmungsradius um ca. 180° nach unten gebogen ist und dicht über Deck endet.

SCHWELL: In Häfen hinein stehende Dünung. Von vorbei fahrenden Schiffen verursachter Wellenschlag. Stärker ausgeprägt und mit anderen Wasserwellen überlagert wird daraus "Kabbelwasser".

SCHWOJEN: Das Hin – und Herdrehen eines Bootes vor Anker, eine kombinierte Dreh – und Pendelbewegung. Auch das seitliche Vertreiben nach Lee durch den Einfluß von Wind oder Strom, wenn der Wind dreht oder der Strom kentert, wird Schwojen genannt.

SEPTIC oder HOLDING TANK: Strenge Vorschrift in der USA, jedes Boot muß einen Schmutzwassertank haben in dem das WC mit einem Y-Ventil (zwei Weg Ventil) angeschlossen sein muß. Der Tank muß an div. Pumpstationen dann abgesaugt werden oder man kann ihn auch drei Meilen außerhalb der Küste auspumpen. Die Vorschriften sind aber in jeden Staat verschieden, und nicht mal in Florida selber sind sie gleich.

SEXTANT: Winkelmessgerät zur Schiffsortbestimmung, für die Höhenmessung eines Gestirns.

SICHERHEITSGURT: Ein kombinierter Brust-Hüft-Schritt-Gurt, in einem Spezialschloß zusammenlaufend, an dem die Sorgeleine (mit 2 Karabinerhaken auf halber und voller Länge) befestigt ist. Der S. dient zur Sicherung bei Decksarbeiten. Auf einem Seekreuzer gehört ein S. zur Sicherheitsausrüstung jedes Besatzungsmitgliedes.

SKIPPER: Der "Kapitän", das heißt, der verantwortliche Führer einer Yacht, im Gegensatz zum Besitzer, der Eigner genannt wird. Leider gibt es bereits viele "Eigner" die besser einen "Skipper" an Bord hätten.

SLUP: Ein einmastiges Segelboot mit Großsegel und nur einem Vorsegel, die heute übliche Takelung von Jollen und auch bei Kielbooten dominierend.

SM: "Seemeile" Sie ist 1852 m lang. (1/10SM = Kabellänge = 185 m)

SPINNAKER: Ein großflächiges, ballonähnliches Beisegel, das auf raumen Kursen, von raum-vorlich bis vor dem Wind gefahren wird.

SPRING: Zusätzliche Festmacheleine zu der Vor - und Achterleine, die eine Bewegung des Bootes in der Längsrichtung verhindern. Die Vorspring verläuft vom Vorschiff schräg nach hinten, die Achterspring vom Achterschiff schräg nach vorne.

SSB: Single Side Band ein Marine Funkgerät für lange Distanzen auf Kurzwelle, im Gegensatz zu VHF Very High Frequency (UKW - Ultrakurzwelle) das nur für kürzere Distanzen geeignet ist, im Normalfall ca. 20 bis 50 Sm je nach Antennenhöhe.

STAG: Drahttauwerk auch stehendes Gut genannt, daß den Mast längsschiffs hält, vorne VORSTAG und hinten ACHTERSTAG genannt.

STB: (Steuerbord) "Rechts" In Fahrtrichtung gesehen die rechte Seite eines Bootes.

STOPFBUCHSE: Hohlzylinder zum Abdichten der Propellerwelle durch den Schiffsrumpf. Die S. wird mit Packungen verschiedener Materialien belegt, die sich im Betrieb nachstellen lassen, wenn die Durchbrechung zu lekken beginnt.

TERMINAL: Der Endbeschlag am Tampen von Drahttauwerk, der entweder als Walzterminal oder als Gewindeterminal aufgebracht oder als Bügelseilhülse durch Pressung mit dem Tampen verbunden werden kann. Nach der Form des Endstückes kann man zwischen einem Gabelterminal, Augterminal oder Ballterminal wählen.

TÖRN: "Seetörn" Die Zeit die ein Boot nach dem Auslaufen bis zum Einlaufen auf See verbringt. Auf Segelbooten spricht man daher auch von einem "Segeltörn".

TRIMMRUDER: Auch Trimmklappe genannt, ein kleines Ruder oder Klappe die an der Achterkante des Ruderblattes montiert ist und mit einer Verlängerungsachse mechanisch mit geringen Kraftaufwand bedient werden kann, hilft damit den Druck auf die Pinne zu entlasten.

U.: "Uvala" kroatisch für Bucht z.B. U. Soline = Bucht Soline

VERKLICKER: Allgemein ein Windrichtungsanzeiger auf dem Masttop. Der typische Verklicker ist eine Drehvorrichtung mit einem Windpfeil in einem Rahmen mit festen Seitenarmen, die mit dem Windrichtungsanzeiger in Deckung stehen sollen, wenn das Boot seinen optimalen Amwindkurs steuert.

WANT: Drahttauwerk, stehendes Gut, daß den Mast seitlich hält, kürzere Wanten die bis zur Saling gehen werden BABYWANTEN genannt.

WANTENSPANNER: Eine Spannschraube, die zwischen Want und Pütting befestigt ist, um dem stehenden Gut die gewünschte Festigkeit und Spannung zu geben. Da sich die gegenläufigen Schraubstifte aus der Hülse drehen können, wenn die Verbindung belastet wird, ist ein Wantenspanner durch Kontermuttern oder Draht gegen unabsichtliches Aufdrehen zu sichern.

WASSERHOSE: In tropischen Gebieten auch TROMBE genannt. Hat normalerweise nur wenig Durchmesser, maximal ca. 200 m doch kann sie erhebliche Zerstörung verursachen. Windgeschwindigkeiten bis zu 500 km/h.

WASSERSTAG: Ein Stag vom Vorsteven zum Bugsprit bzw. zum Klüverbaum, das das Klüvergeschirr gegen den Zug nach oben sichert. Um jeglichen Reck zu vermeiden, fertigte man das Wasserstag meistens aus Rundeisen oder benutzte eine große Wasserstag Kette.

WETTER FENSTER: Hier auch „weather window" genannt, speziell bei Überquerung des Golfstromes, das abwarten auf günstige

Bedingungen zwischen zwei Fronten um einen längeren Törn zu machen

WINDGENERATOR: Eine Art Lichtmaschine die mit einem Propeller versehen ist und damit die Batterien mit Strom versorgt. Manche laden erst bei Windstärken um die 5 Bft wirklich sinnvoll, machen aber dafür einen Höllenlärm. Einige teure Geräte sind aber leise und effizient.

WINSCH: Eine Winde die mit Übersetzung und einer Kurbel, das einholen oder aufziehen von Leinen ermöglicht. In diesem Fall ist die Großfallwinsch, am Mast montiert, für das aufziehen des Großsegels.

WULING: Ein Durcheinander von Tauwerk, das durch "Aufschießen" oder "Aufklaren" in Ordnung gebracht wird.

WURM: "Arschloch" im Buch verwendet um es etwas zu entschärfen und es nicht so vulgär zu schreiben. An Bord verwendet unter Freunden und Crew - scherzhafter Ausdruck für kriechende niedrige Lebensform.

ZINKANODE Auch OPFERANODE: genannt, kleine Zink oder Magnesium – Platte oder Ring die an die Außenhaut oder an die Propellerwelle angebracht wird und die sich im Rahmen eines kathodischen Korrosionsschutzes sich selbst anstelle des Propellers durch Elektrolyse zerstört.

So liegen wir am Riff vor „Petite Martinique" in Grenada wo sie nun mutwillig noch alles zerstört haben, nachdem am Boot alles gestohlen und abmontiert wurde, insgesamt im Wert von 20.000 € und nur weil unsere „Freunde" die wir bezahlten, es nicht der Mühe wert fanden unsere Muring und Ankerseil zu kontrollieren.

Bücher die noch von mir erschienen sind:

„Zum Denken verurteilt" 316 Seiten Buch Hardcover
ISBN: 9783734751295 E-Book ISBN-13: 9783749414017
https://www.bod.de/buchshop/zum-denken-verurteilt-erich-beyer-9783734751295

Unter dem „Key of life" 1. Teil Hardcover
„Weltumsegelung, der 3. Versuch" 476 Seiten davon 75 in Farbe
Buch ISBN-13: 9783743152038 E-Book ISBN 9783749414888
https://www.bod.de/buchshop/unter-dem-key-of-life-1-teil-erich-beyer-9783743152038

Unter dem „Key of life" 2.Teil   Hardcover
„Bermuda Dreieck und zurück"   280 Seiten davon 86 in Farbe
Buch ISBN-13: 9783743195677   E-Book ISBN 9783749415595
https://www.bod.de/buchshop/unter-dem-key-of-life-2-teil-erich-beyer-9783743195677

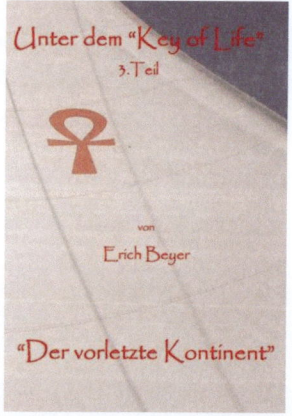

Unter dem „Key of life" 3. Teil   Buch Hardcover
„Der vorletzte Kontinent"   436 Seiten davon 254 in Farbe
Buch ISBN 9783746016283   E-Book ISBN 9783749443215
https://www.bod.de/buchshop/unter-dem-key-of-life-3-teil-erich-beyer-9783746016283

Mit S.Y. Braveheart durch Hurrikan Debie   Paperback
112 Seiten   45 Seiten in Farbe
ISBN: 9783751976091 E-Book ISBN 9783752675894
https://www.bod.de/buchshop/mit-s-y-braveheart-durch-hurrikan-debie-erich-beyer-9783751976091

Mit jeder APP wirst mehr zum Depp!   ISBN: -13: 9783751956161
Paperback   132 Seiten   E-Book: ISBN-13: 9783751992381
https://www.bod.de/buchshop/mit-jeder-app-wirst-mehr-zum-depp-erich-beyer-9783751956161

"Reiseberichte unter dem Key of life von 1999 bis 2020"
Paperback Version mit 328 Seiten, davon 69 Farbfotos mit der
ISBN: 9783752611618, E- book ISBN-13: 9783752634815
https://www.bod.de/buchshop/catalogsearch/result/?q=+Reiseberichte+u
nter+dem+Key+of+life

„Logbuchauszüge M.S.Y. Manuda von 1994 bis 1998"   Paperback
420 Seiten   ISBN: 9783752644074   E- book ISBN-13:
9783752635355
https://www.bod.de/buchshop/logbuchauszuege-manuda-erich-beyer-
9783752644074

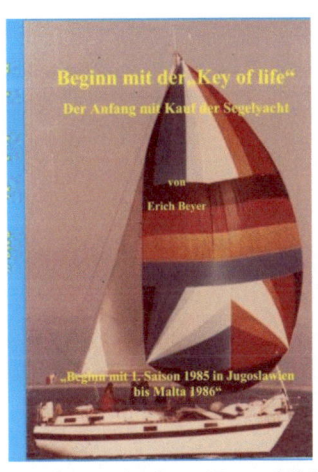

Beginn mit der „Key of life" Der Anfang mit Kauf der Segelyacht
1.Teil Beginn der 1. Saison 1985 in Jugoslawien bis Malta 1986
Paperback 240 Seiten davon 120 in Farbe
ISBN-13: 9783753420271 E- Book ISBN-13: 9783753412252
https://www.bod.de/buchshop/beginn-mit-der-key-of-life-erich-beyer-9783753420271

2. Saison mit der „Key of life" 2.Teil in Jugoslawien u. Malta 1986-87
Paperback 232 Seiten mit 102 Fotoseiten, ISBN: 9783753459967
https://www.bod.de/buchshop/2-saison-mit-der-key-of-life-erich-beyer-9783753459967

231

3. Saison mit der „Key of life"   3.Teil in Jugoslawien u. Malta 1987-88
Paperback 216 Seiten mit 146 Fotoseiten,
ISBN: 9783753473475 E – Book 9783753474267
https://www.bod.de/buchshop/3-saison-mit-der-key-of-life-erich-beyer-9783753473475

Wie weit können wir noch verblöden?
***BBB - Beyer's Beschwerde Buch* Paperback 180 Seiten**
 ISBN-13: 9783754334638 E-Book ISBN-13: 9783754367872
https://www.bod.de/buchshop/wie-weit-koennen-wir-noch-verbloedeno-erich-beyer-9783754334638

4. Saison mit der „Key of life"   4.Teil in Jugoslawien und Malta
„Start in die vierte Saison 1988 – 1989 E-Book ISBN 9783754358122
Paperback 244 Seiten davon 134 in Farbe ISBN: 9783754356210
https://www.bod.de/buchshop/catalogsearch/result/?q=Erich+Beyer

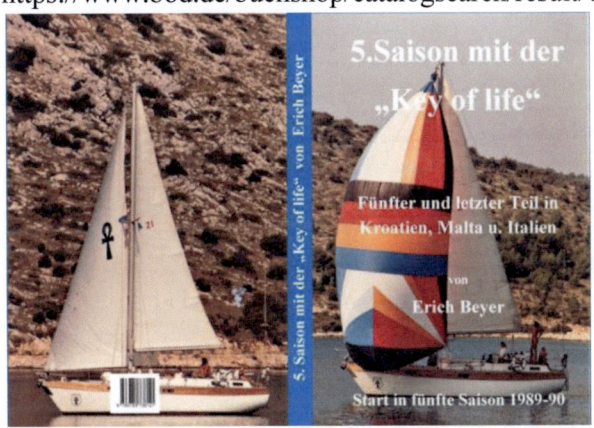

5. Saison mit der „Key of life"   Fünfter und letzter Teil in Kroatien,
Malta u. Italien Start in fünfte Saison 1989-90
ISBN:9783755738121Paperback 220 Seiten davon 141 Farbseiten
https://www.bod.de/buchshop/5-saison-mit-der-key-of-life-erich-beyer-
9783755738121

Der Beginn mit „Manuda" 1.Teil „Unter dem Key of life mit Manuda"
Start in Italien 1992 und „Manuda" auf der Werft in Malta bis 1993
Paperback 212 Seiten davon 131 in Farbe   ISBN-13: 9783755760498
https://www.bod.de/buchshop/der-beginn-mit-manuda-erich-beyer-9783755760498

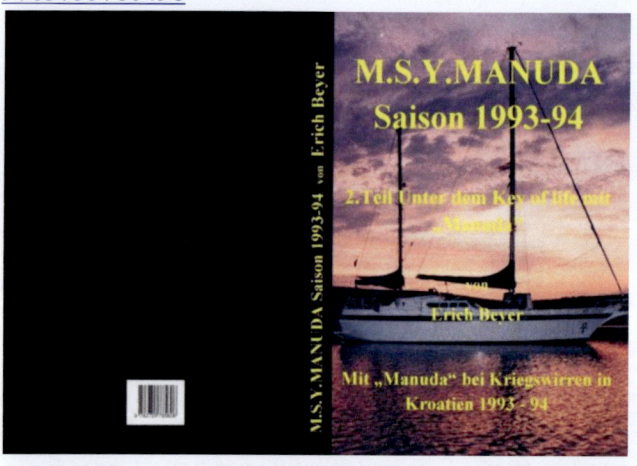

„M.S.Y.Manuda" Saison 1993 bis 94   2.Teil Unter dem Key of life
mit Manuda Saison 1993-94 in Kriegswirren mit Manuda in Kroatien
Paperback 272 Seiten davon 175 in Farbe   ISBN: 9783755785606
https://www.bod.de/buchshop/m-s-y-manuda-saison-1993-bis-1994-erich-beyer-9783755785606

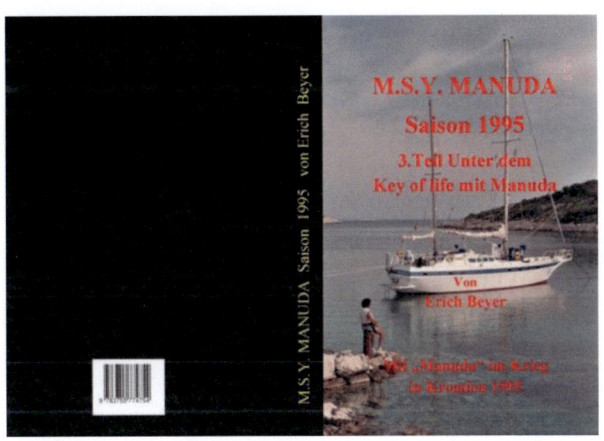

„M.S.Y.MANUDA" Saison 1995   3.Teil Unter dem Key of life mit Manuda Saison 1995 mit Manuda im Krieg in Kroatien Paperback 184 Seiten davon 104 Farbseiten ISBN: 9783755774754
https://www.bod.de/buchshop/msy-manuda-saison-1995-erich-beyer-9783755774754

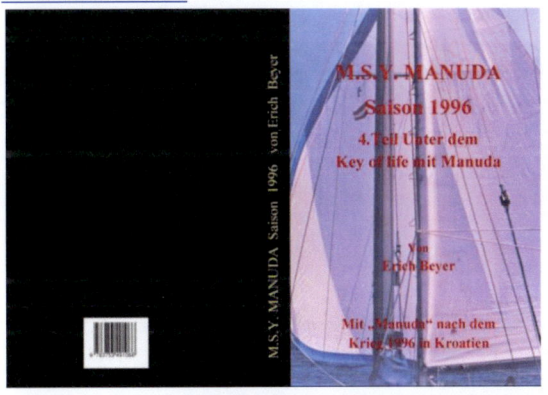

„M.S.Y.MANUDA" Saison 1996   4.Teil Unter dem Key of life mit Manuda   Saison 1996 mit Manuda nach dem Krieg in Kroatien Paperback 212 Seiten davon 106 Farbseiten ISBN: 9783753491066
https://www.bod.de/buchshop/msy-manuda-saison-1996-erich-beyer-9783753491066

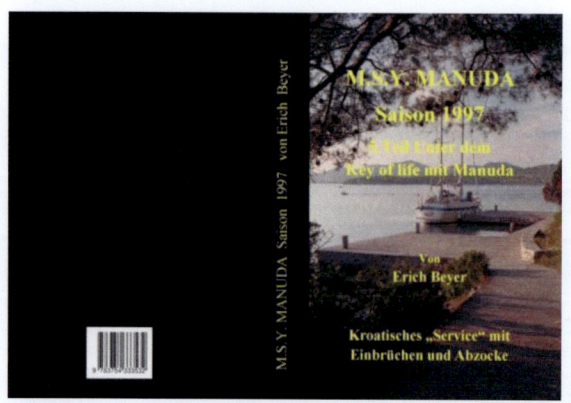

*„M.S.Y.MANUDA" Saison 1997   5.Teil Unter dem Key of life mit
Manuda Kroatisches „Service" mit Einbrüchen und Abzocke
Paperback 276 Seiten davon 114 Farbseiten ISBN: 9783754333532*
https://www.bod.de/buchshop/msy-manuda-saison-1997-erich-beyer-
9783754333532

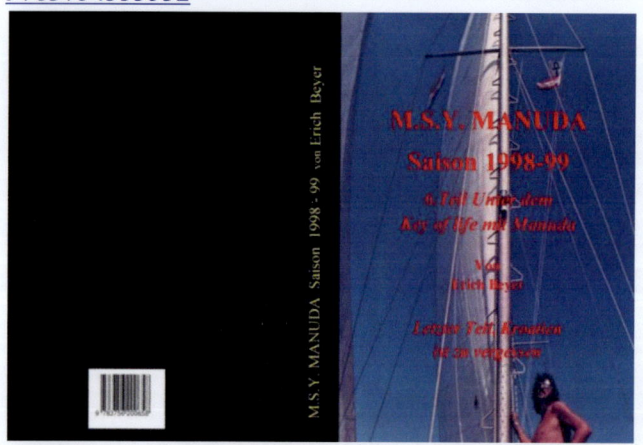

*„M.S.Y.MANUDA" Saison 1998 - 1999   6.Teil Unter dem Key of life
mit Manuda Letzter Teil, Kroatien ist zu vergessen
Paperback 308 Seiten davon 127 Farbseiten ISBN: 9783756200658*
https://www.bod.de/buchshop/msy-manuda-saison-1998-1999-erich-
beyer-9783756200658

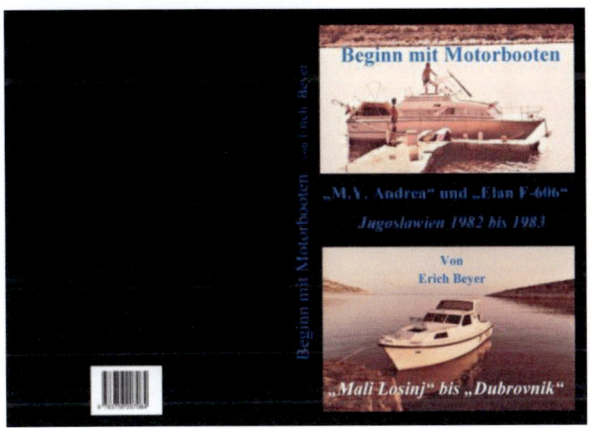

Beginn mit Motorbooten *„M.Y.Andrea" und „ELAN´F-606"*
Jugoslawien 1982 und 1983 von „Mali Losinj" bis „Dubrovnik"
Paperback 136 Seiten davon 92 in Farbe ISBN: 9783756207084
https://www.bod.de/buchshop/beginn-mit-motorbooten-erich-beyer-9783756207084

Motorsegler „Antn" *Unter dem Key of life mit „Antn" 1983*
Jugoslawien 1983 mit MÖN 27 „Antn"
Paperback 84 Seiten davon47 in Farbe ISBN: 9783756210985
https://www.bod.de/buchshop/motorsegler-antn-erich-beyer-9783756210985

Ein Sommer mit „Sourire" - Unter dem Key of life mit Sourire 1984
Jugoslawien 1984 mit „Sourire" ISBN: 9783756231980
Paperback 148 Seiten davon 80 in Farbe
https://www.bod.de/buchshop/ein-sommer-mit-sourire-erich-beyer-9783756231980

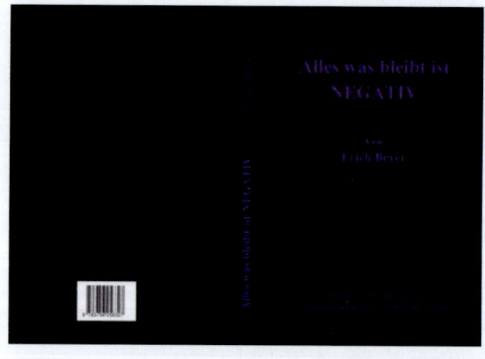

Alles was bleibt ist negativ!

Paperback 128 Seiten   ISBN-13: 9783756256327

https://www.bod.de/buchshop/alles-was-bleibt-ist-negativ-erich-beyer-9783756256327

„Gesammelte Emails von 2020 bis 2022"

Paperback 348 Seiten 204 in Farbe ISBN-13: 9783756887408

https://www.bod.de/buchshop/gesammelte-emails-von-2020-2022-erich-beyer-9783756887408

„Die Schande ein Mensch zu sein"   Paperback 100 Seiten

ISBN: 9783758329173

https://buchshop.bod.de/die-schande-ein-mensch-zu-sein-erich-beyer-9783758329173

„Hausmiete wird zur Hölle"   *ISBN: 9783769326284*

Paperback 276 Seiten davon 105 in Farbe, „Wenn Vermieter und Hausverwaltung nur mehr lügen!"
https://buchshop.bod.de/hausmiete-wird-zur-hoelle-erich-beyer-9783769326284